高擎红旗一角的人们

——全国少先队工作突出贡献者风采录

张小春 主编

中国少年儿童新闻出版总社
中国少年儿童出版社
北　京

图书在版编目（CIP）数据

高擎红旗一角的人们 / 张小春主编 . —北京：中国少年儿童出版社，2024.6
ISBN 978-7-5148-8776-1

Ⅰ.①高… Ⅱ.①张… Ⅲ.①中国少年先锋队 – 工作人员 – 先进事迹 Ⅳ.①D432.51

中国国家版本馆 CIP 数据核字（2024）第 091863 号

GAOQING HONGQI YIJIAO DE RENMEN
（高擎红旗一角的人们）

出版发行：中国少年儿童新闻出版总社
中国少年儿童出版社

责任编辑：赵子薇	编　者：张小春
助理编辑：刘毅敏	封面设计：郭　子
责任校对：刘　颖	责任印务：刘　澈

社　　址：北京市朝阳区建国门外大街丙 12 号	邮政编码：100022
编 辑 部：010-57526520	总 编 室：010-57526070
发 行 部：010-57526608	官方网址：www.ccppg.cn

印刷：北京华宇信诺印刷有限公司

开本：720mm×1000mm　1/16	印张：13.25
版次：2024 年 6 月第 1 版	印次：2024 年 6 月第 1 次印刷
字数：150 千字	印数：1–5000 册

ISBN 978-7-5148-8776-1　　　　　　　　　定价：79.00 元

图书出版质量投诉电话：010-57526069　　电子邮箱：cbzlts@ccppg.com.cn

向有突出贡献的少先队工作者致敬

孙云晓

在这个世界上，有一个充满激情并且永远不老的群体。这群人喜欢鲜红的颜色，始终高擎红旗的一角，他们就是少先队工作者。70多年来，几代人的接力奋斗，谱写出雄壮的红领巾交响曲，描绘出绚丽的童年成长画卷。共青团中央、全国少工委表彰的43位有突出贡献的少先队工作者，就是全国少先队工作者的杰出代表，《高擎红旗一角的人们》这本书收录了他们的优秀事迹。

2022年春节前夕，资深的少先队工作者李启民和张小春先后打来电话，邀请我为此书作序，我感到诚惶诚恐，因为此等大任岂是晚辈可以担纲？但他们的邀请极为恳切，说我与大部分获奖者比较熟悉，还分别为段镇和韩凤珍写过长篇传记，可谓最佳人选。这番话打动了我。自我1978年担任《中国少年报》记者以来，的确与几代少先队工作者都有密切的接触，留下难以忘怀的美好印象。于是，我接受了邀请，愿意借《高擎红旗一角的人们》的出版，向"少先队工作突出贡献奖"获得者表示敬意。

据1999年10月14日《人民日报》的报道，共青团中央、全国少工委设立了"少先队工作突出贡献奖"。首批荣膺这一称号的是田桂英、刘元璋、江敬文、杜功礼、沈功玲、张先翱、李启民、吴芸红、张学周、段镇、倪谷音、徐国英、曹魁珍。同时追授黄绣谊、韩凤珍、韩振东同志此光荣称号。这16个闪闪发光的名字，每一个都有说不完的精彩故事。

我们都习惯于称瘦弱的吴芸红为吴大姐，她幼时家境殷实，却早在1945年毅然入党，从事党的地下工作。1946年她成为《新少年报》

（后更名为《中国儿童报》）的主编之一，而段镇1945年入党就是她担任接头联系人。因为写段镇传记等原因，我几次去吴大姐家里采访，却发现她只谈别人的事，绝少提自己，而这是她一贯的风格。

段镇可能是连续从事少先队工作时间最长的少先队工作者之一，也是理论贡献最大的少先队教育家，53万字的《少先队学》是其几十年心血凝结的学术专著。我用10年之久采访他和上海的少先队，并且两次住在他的家里，而他的家多年来都是"少先队之家"，他的夫人李蕙芳也是优秀少先队辅导员。他们的家是全国各地许多少先队工作者经常取经的宝地。田桂英上任山西省少先队总辅导员后就带着一班人登门请教，还邀请段镇和少先队员代表去山西讲课。

与段镇像兄弟一样亲密的刘元璋，则是新中国成立初期少先队领域的一颗新星。我曾在段镇的传记《解放孩子》中对此有详细记述。半个多世纪过去，他总结的"友爱小队""假想旅行"等少先队活动依然鲜活，具有感人的魅力。

倪谷音是段镇的第一个徒弟。她以创造精神参与举办少先队夏令营，成为20世纪50年代少先队活动的一道奇观，培养创造精神成为她长期担任校长的上海第一师范学校附属小学的优良传统。后来，该校成为愉快教育的发源地之一，还被教育部在全国推广。

沈功玲是段镇的第二个徒弟，也是儿童电影《闪光的彩球》中辅导员的原型。她与段镇一起总结出自动化小队和自愿组队等许多创造性经验，对上海乃至全国的少先队工作发展产生了广泛的影响。她具有演说家的魅力，我正是得益于她讲述的故事和在观摩上海华坪小学自愿组队活动受到的强烈触动，创作出长篇儿童小说《金猴小队》及8集同名电视剧，在央视多次播出并荣获中国电视剧飞天奖。

经过多年的努力，上海形成了少先队工作机制健全、人才辈出的良好格局。全国其他地区也不甘落后，你追我赶涌现出诸多珍贵的人才与经验。

河南安阳的全国优秀辅导员韩凤珍就是一位富有理论思维的创新者。1980年他就创造了让多数少先队员都能够体验夏令营快乐的"夏令营之花"活动。他创造的"寻找孩子可爱的缺点""我之最""向你致礼"等系列队活动,解放了无数个受冤屈的孩子,他创造的关心下一代协会,成为今日关工委的由来。我有幸为他创作了长篇教育小说《孩子,抬起头》。

在韩凤珍的成长过程中,得到过胡德华、李启民等领导同志的关心和帮助。许多少先队工作者习惯于称李启民为"老李"或"李部长"。他中学时代即作为优秀少先队员代表赴苏联参加阿尔迪克夏令营,后来担任过团中央少年部副部长,离开团中央后他担任过全国妇联儿童工作部部长,国务院妇女儿童工作委员会办公室专职副主任,可谓传奇人物。他不仅参与过许多重大决策,而且给予过许多少先队工作者以关心和支持,甚至退休多年后还一直热心红领巾事业。我曾经为其撰写过报告文学《怀揣一团火的组织家》。

说到江敬文,我更是难以忘怀,因为1978年底,我自中央团校结业,即去中国少年报社报到,而当时的社长就是江敬文这位解放前即参加革命工作的前辈。在他的支持下,我作为一个年轻新手,竟然负责组织全童入队的大讨论,即"张勇、王红能入队吗?"我感受到了他的眼光与魄力。

与江敬文一样,张先翱也曾经是我的直接领导。1987年底,我调入中国青年政治学院青少年研究所,协助张先翱创办中国少先队学会会刊《少年儿童研究》杂志。在我的印象中,少先队是他的第一生命,他被段镇称为"少先队第一教授"。作为北京大学历史系的毕业生,他所有的求职目标都是少先队。无论在什么岗位,他都自觉主动研究和服务少先队,免费为边远地区少先队讲课和赠书。

我至今不能忘却韩振东老师。1983年,我有幸考入中央团校首届大专班,脱产两年学习,而韩老师是我的论文指导老师。多少次长谈,韩老师给予我智慧和勇气。我的毕业论文《论树立少年儿童榜样的科学性》,1985年在中国社科院《青年研究》杂志卷首发表,并荣获中国少先队工作学会优秀论文奖。1990年春,我们一起赴上海出席段镇少先队教育思想研讨会,归来他即不幸去世,而去世前大约一小时我们还在通电话。后来，我写了一万字的报告文学《最后一个电话》来怀念他。1991年8月，我去北京红领巾公园出席韩老师骨灰安放仪式。在那一天，我得到了中日少年海岛探险夏令营的信息，这是我采访中日夏令营的开端，也许这是韩老师最后为我牵的线。

  由于长期做记者工作，我经常在各地奔波。去长春时，自然会拜访"少先队五朵金花"之一的曹魁珍。作为全国优秀辅导员，她的坎坷经历足以让小说家惊叹，她却始终在为少年儿童事业尽心尽力。我到辽宁采访，多次得到杜功礼的积极协助，因为长年深入基层，他对基层的经验与困难了如指掌。我去兰州，在张学周家做客，发现虽在大西北，他的家也是红领巾之家。烟花三月下扬州，首先要见徐国英，她的中学少先队工作经验极为珍贵。在徐国英的帮助下，我还安排中国青少年研究中心一位心理学博士，在扬州驻校蹲点，专门研究如何改变中学少先队工作薄弱的局面。16位首批"少先队工作突出贡献奖"获得者中，我唯一没有见过面的是广东的黄绣谊。我仔细阅读过她的感人事迹，发现她是一位默默耕耘并勇于创新的少先队教育专家。

  星星火炬，代代相传。2009年10月13日，共青团中央、全国少工委发出《关于向王延风等同志颁发"全国少先队工作突出贡献证书"的决定》，27位优秀的少先队工作者荣获这一荣誉。其实，他们中的大多数也是资深的少先队工作专家。早在1982年，中国少年报社举办快乐小队夏令营时，王延风、华耀国等人就被聘为夏令营中的辅导员，王延风辅导队员们跳舞的场面令我记忆犹新。后来，我见识了俞明德的痴情投入、郭文郁的跨界协同、皇甫鸿昌的资料积累、顾岫荫的细腻审美、华耀国的积极探究、邱孝感的勤奋开拓，还见证了傅忠道如何发现魏慈瑛等人才，张小春身残志坚而又多才多艺，等等。

  纵观43位有突出贡献的少先队工作者的事迹，或许可以发现一些共同的鲜明特点，他们都是高举队旗跟党走的带头人。他们捧着一颗爱心服务少先队工作，在工作中，坚持将理论与实践紧密结合并力求创新。为什么他们都将一生献给少先队事业？有人说，少先队工作是一把魔椅,对于有缘者来说,坐上这把魔椅会永葆童心,甚至可能越来越年轻。

我们应该感谢张小春的辛勤努力,将这些有突出贡献的少先队工作者的事迹汇编成书,助力少先队事业的持续发展,助力新一代少先队工作者的成长,这是一件功德无量的好事情。

2022 年 2 月 11 日

(作者:孙云晓,中国青少年研究中心研究员、中国家庭教育学会副会长,曾任中国少先队工作学会副会长)

目　录

田桂英：为红领巾事业奋斗 …………………………………… 1

刘元璋：对少先队"长相思，永不忘" …………………………… 2

江敬文和第一次全国少先队夏令营 …………………………… 5

杜功礼：入队入团入党的情结 ………………………………… 8

沈功玲：走过少先队工作 40 载 ……………………………… 10

张先翱：幸福就是一辈子服务少年儿童成长 ………………… 15

李启民：鲜红的领巾系心上 …………………………………… 24

吴芸红：一辈子献给孩子的人 ………………………………… 28

张学周：我愿为红领巾事业奋斗终生 ………………………… 34

段镇：把全部身心献给少先队 ………………………………… 40

倪谷音：用整个的心，做个整个的教师 ……………………… 52

徐国英精神赞 …………………………………………………… 59

曹魁珍：人要活得有滋味 ……………………………………… 63

追忆和韩振东在一起的日子 …………………………………… 66

王延凤：我的三次归队 ………………………………………… 69

徐敏玲：我的少先队情怀 ……………………………………… 77

刘权：把红领巾系在心上 ……………………………………… 82

郭文邺：一生做好一件事 ……………………………………… 84

张小春的红领巾人生 …………………………………………… 91

真学雷锋的高健民 ……………………………………………… 95

左丽华：永远的红领巾情结 …………………………………… 97

洪雨露的"玩"教育 …………………………………………… 105

华耀国：感动的乐章 …………………………………………… 108

卢刚：不忘初心，传承红色基因……………………………………114
顾岫荫的诗意人生………………………………………………119
魏慈瑛：一辈子干少先队………………………………………127
俞明德：无可比拟的幸福………………………………………131
傅忠道：一位职业少先队工作者的成长路径…………………139
杨莉：为少先队员插上腾飞的翅膀……………………………148
邱孝感："一生只做一件事，要把它做好！"…………………151
用"数字"看刘益珍少先队工作之精彩…………………………155
郑延和：回首激情岁月的往事…………………………………158
皇甫鸿昌：当好"永远的红领巾"………………………………163
情系"芳草地"的陈嵩山…………………………………………167
王征东的少先队"金点子"………………………………………173
黄永腾：快乐"孩子王"的一、二、三、四……………………176
李仁厚的队活动"秘籍"…………………………………………179
周晓群：终生当一名少先队辅导员……………………………184
徐吟鹂：情献少先队　心系红领巾……………………………191
桑布：藏族少先队辅导员中的优秀代表………………………194
"痴情"于少先队的张景衡………………………………………196
后　记……………………………………………………………198

田桂英：为红领巾事业奋斗

中国共产党党旗是旗面缀有党徽图案的红旗，红领巾是红旗的一角。这表明少先队从诞生的那一天起，就和党的事业紧紧地连在一起。

人们说，少先队是党的事业的预备队，是共青团的半壁河山，是太阳底下最美丽的事业。这些比喻都说明了红领巾事业的光荣和神圣，也说明了红领巾事业的使命和责任。作为社会主义的奠基工程，红领巾事业凝结着党和人民无限的寄托和希望。

几十年来，在山西这块古老的黄土地上，红领巾事业也如社会主义建设一样日益蓬勃兴旺。特别是近年来，在党的亲切关怀、共青团的领导和教育部门的支持下，山西省少先队工作进入了全面发展的时期，以农村为重点，为培养当地社会主义新型建设者服务的少先队工作新格局逐步形成。

红领巾事业培育了未来，也磨炼了我，我和孩子们共同学习、成长，为红领巾事业奋斗40多年无怨无悔。

"红领巾事业是播种的事业。今天我们播什么种，未来的社会就结什么果。我们的理想、责任和成就，都将在这辛勤的耕耘中得以实现。红领巾事业是奉献的事业。奉献与热情是少先队工作者的第一素养。没有奉献精神的人，不会走进星星火炬的队伍中来。红领巾事业是吸引人的事业。它像一块磁石，远望着朴实无华，可你一旦走近，就永远无法与它分开。"这是我40多年来矢志不渝做好少先队工作的理想信念。

（原载2009年全国少工委主编的图书《我与少先队》，作者：田桂英）

刘元璋：对少先队"长相思，永不忘"

在少先队辅导员队伍中，刘元璋是前辈之一，是少先队工作的开拓者之一。凡是与他相处过的人，都说他和蔼可亲、平易近人，无论他做校长、做总编、做局长，从没有架子，被大家誉为"小草风格"。他辛勤耕耘、不辞劳苦地做许多深入细致的工作，事后也总是和大家一起分享丰收的喜悦。有人耐不住站出来要他谈谈自己的功绩，他总是"嘻嘻"一笑，习惯地说"别人比自己做得更好"。

在刘元璋的少先队生涯中，有很多值得一谈的小故事，笔者采用"数字"方式，讲述一些鲜为人知的刘元璋的"数字"故事吧。

"一"的故事之一。1949年10月13日，中国少年儿童队正式成立了。此时此刻的刘元璋担任了上海一所小学的少先队大队辅导员。他成为新中国成立后，上海市乃至全国的第一批少先队大队辅导员。那时的教育书籍很少，少先队书籍几乎没有。刘元璋凭借"到孩子中去，向孩子学习"的理念，深入孩子中间，与他们打成一片，通过少先队组织生活和少先队活动，引导队员们自己教育自己，自己管理自己，团结起来，当好新中国的新主人。

"一"的故事之二。1953年，刘元璋参加了全国第二次少年儿童工作会议，同时荣获第一届"全国优秀辅导员"的光荣称号，并受到朱德总司令的接见。刘元璋始终不忘朱总司令对他们的勉励："不要小看你们现在的工作，你们每一分钟、每一小时的辛勤劳动，都是在为加速实现党的目标——建设社会主义、共产主义作贡献！"

"一"的故事之三。刘元璋担任上海市教育局副局长期间，他大力支持上海市"红领巾理事会"小理事们的建议，联合上海团市委办起了全国第一份由少先队员自己设计、自己编写的少先队队报《我们一百万》。笔者与这张队报有缘,当时正担任大队辅导员,号召全校小干部都订了《我们一百万》,都参加了报纸上开展的"队长学校"的学习,小干部们投了很多稿子,学到很多队知识,都获得了结业证,有的还拿了奖状。

"一"的故事之四。上海市第一个中队的"生物角"就是刘元璋创建的。当时他是肇周路小学大队辅导员,看到五(1)中队的男生打打闹闹把花池中的月季踩坏了。刘元璋认为光用批评解决不了根上的问题,只有通过队员的亲身感受才能持久养成育绿、护绿、爱绿的意识。于是,他带领五(1)中队建设了"生物角",从此,队员们个个争当"护绿使者"。

"一"的故事之五。在大队辅导员刘元璋的启发下,肇周路小学"第一号流动图书车"诞生了。1959年初,社会上失学儿童特别多,刘元璋把这事看在眼里记在心上。他组织好几个中队的队员从家里拿来铺板、木箱、油漆、铁轮子,大家一起动手,整整辛苦了三天,"第一号流动图书车"制作成功。这个"图书车"走街串巷,失学的孩子兴高采烈,争相借阅,接着各所小学出现了第二号、第三号……第十五号流动车。

"十四"的故事。有个中队14名队员都在大楷本上写了"黄胖橄榄",这是什么意思?原来,有一个姓黄的队干部管人管得挺厉害,还动不动发号施令,队员们恨他,背地里就叫他"黄胖橄榄",这还不解气,14名队员都把"黄胖橄榄"写在大楷本上来发泄情绪。于是,刘元璋组织这个中队召开了"不该给队员起外号"主题队会,既纠正了14名队员的错误行为,又促成了"当好像样队干部"的好风气。

"二十"的故事。在刘元璋担任辅导员期间,他思考梳理了20个少先队教育的故事并出版了一本书,其名为《辅导员与孩子们》。他希望这些故事能给辅导员工作几点启迪。一是辅导员的教育思想、教育方法与集体形成的关系;二是引导孩子自己的活动要自己来设计、自己来创造、自己来组织;三是必须重视培养正确的集体舆论,没有正确的舆论,集体就不可能产生应有的教育力量。

刘元璋像一颗璀璨的明星，是20世纪50年代从上海走出的大名鼎鼎的优秀辅导员。在那时的上海，大凡有孩子要上小学，家长们一提起少先队就会想到刘元璋，一提起刘元璋就会想起红领巾。刘元璋同志就是一个和少先队、红领巾"长相思，永不忘"，忠贞不渝的伙伴。

（作者：张小春）

江敬文和第一次全国少先队夏令营

见过江敬文的人,都忘不掉对他的第一印象:白头发、白胡子、面色红润、气宇轩昂、声如洪钟。老少先队辅导员都称他为少先队工作的"元老"。他是《中国少年报》的老社长,曾关注《知心姐姐》栏目,采用"小小讨论台"发动全国少先队员参与了很多疑难问题的大讨论;他支持《中国少年报》系列报道"全童入队"大讨论,有力地促进了"全童入队"目标的实现。

但是,很少有人知道,他曾参与了1954年第一次全国少先队夏令营的组织策划并担任夏令营的总辅导员。

1954年夏天,在第一个五年计划的鼓舞下,在社会主义精神的影响下,团中央在青岛举办了第一次全国少先队夏令营。为了筹备这次少先队夏令营,团中央从各地团委抽调了一批干部,并得到青岛市政府的大力支持。从选营址、布置营房、修营地露天剧场、实地勘察登崂山线路,到购置营具、器材、野炊用具等,一切从零开始,江敬文的构思设计也从零起步。

从全国各地抽调的10名优秀少先队总辅导员担任夏令营10个中队的辅导员,其中有北京的优秀辅导员范小韵、孟令廉和沈阳的宁文琪等,江敬文担任夏令营总辅导员。182名少先队员中有汉、回、蒙古、维吾尔、哈萨克、苗、彝等民族,来自全国各地。团中央还邀请了42名外国儿童参加夏令营活动。夏令营位于青岛市信号山上的原德国总督楼,该楼雄伟华丽,造型独特,当时在青岛是独一无二的建筑。院内绿树成荫,鲜花满地,海风凉爽,涛声阵阵,令人心旷神怡。

8月1日下午3时,夏令营开营式拉开帷幕。10个中队的少先员排着整齐的队伍，集合在营地的绿色草坪上。中共青岛市委副书记、副市长、驻青岛海军舰队政委、山东大学校长等应邀参加了开营式。

在少先队鼓号声中，夏令营营旗冉冉升起。来自朝鲜、越南和保加利亚的少先队员向中国队员献了鲜花，并向夏令营赠送了锦旗。最后，作为总辅导员的江敬文带领全体队员宣誓。

晚上，在营地举行了庆祝八一建军节联欢会，海军战斗英雄来到了营地，孩子们和英雄们围坐在一起，听战斗英雄讲故事；海军文工团演出了精彩的节目；外国的小朋友和中国少先队员一起，跳起了集体舞、民族舞，整个营地成了一片欢乐的海洋。

夏令营的活动特别丰富，营员们非常开心。最让他们兴奋的莫过于下海游泳了，特别是来自祖国边远地区的少数民族队员，不少队员没有见过大海，是第一次下海，既兴奋，又害怕。在辅导员和会游泳的队员的帮助下，加上自己主动练习，夏令营结束时，他们几乎都学会了游泳。

登崂山也是营员们颇感兴趣的活动。营员们乘车到风景如画的崂山脚下，需要背着行装，沿着崎岖小路，穿过峡谷溪水，到达崂山潮音瀑。在飞流直下的瀑布旁边，营员们垒起灶，搭起锅，兴高采烈地自己动手炒菜、煮汤、烧饭，各显身手。他们吃着自己亲手做的饭菜，有的太咸了，有的太甜了，有的半生不熟，引起阵阵欢声笑语，大家都乐在其中。

出海是营员们盼望已久的事。8月5日，风和日丽，一艘军舰满载着夏令营全体营员出海了。每当江敬文讲述出海这段故事时，他总会激动地说："海军战士的蓝色飘带与营员们的红领巾，在海风中飘动，简直美不胜收！"船、海鸥、海岛，一望无际的大海，令人心潮澎湃。

面对大海，有的营员引吭高歌，有的吟风咏海，有的默默遐想……最让营员们感兴趣的是舰上的大炮、机枪和各式各样的仪器，营员们摸摸这儿，动动那儿，十分好奇。海军战士们为这些爱动脑、爱提问的营员答疑解惑，满足了孩子们的好奇心。

在甲板上，营员们有的三五成群围着海军战士聊天，有的交换纪念章，在纪念册上留言、留下通信地址，有的在大炮前合影留念，还有的手拉手跳起了集体舞……晚霞映红了天空，返航的钟声响了，营员们依依不舍地与海军战士们话别，"向解放军学习，向解放军致敬"的口号响彻海空。

在这次夏令营里，江敬文还专门给营员们设立了各种兴趣小组，其中有音乐、美术、刺绣、舞蹈、生物、舰模、航模等，营员们可以根据自己的兴趣爱好自主选择参加。在露天剧场，营部多次举办舞蹈晚会、营火晚会、家乡晚会、电影晚会，受到营员们的热烈欢迎。

夕阳西下，海风送爽，华灯齐放，夏令营的露天剧场开始热闹起来，这里要举行音乐晚会，也是夏令营的闭营式。各中队要在舞台上亮相，表演自己最拿手的歌曲。有合唱、重唱、独唱，有中国民歌、外国歌曲……在夜空中，歌声、笑声、掌声随着海风飘向远方……

（作者：张小春）

杜功礼：入队入团入党的情结

"我虽然已步入人生的秋天，但我还要用一颗诚挚的爱心，在少先队员中播种着永恒的春天，用坚实的脚步走向一个超越生命的季节。"

这段话是杜功礼2010年在第六次全国少代会上的激情感言，没想到几年后他突发疾病与世长辞了。当我得知他去世消息后，我把这段话写在笔记本上表示对他的追思，也表示对他忠诚少先队事业的崇敬和学习。

我多次与杜功礼在全国会议上见面，他不善言谈，不开玩笑，是一个真诚老实的人。他没有子女，老伴常年有病，又要照顾老伴又要操心工作，他的家庭生活很不易呀！

一向腼腆的杜功礼，讲起他入队的事却那样地兴奋与自豪，他说九岁那年，他在星星火炬队旗下戴上了红领巾，成为一名光荣的少先队员。听辅导员老师讲，红领巾是红旗的一角，是烈士鲜血染成的。入队后，少先队员要养成"团结、民主、勇敢、活泼"的好作风。

他还给我讲起他们小时候的少先队活动。1950年，当美国把战火烧到鸭绿江边的时候，中国人民积极响应毛主席的号召，掀起了"抗美援朝，保家卫国"运动。少先队员也不例外，积极收集废铜、废钢铁，用自己的劳动成果和节省的零用钱，购买飞机、枪炮，支援前线，还给志愿军叔叔写信、慰问军烈属，积极投入抗美援朝的运动之中。

他还骄傲地讲了他戴着红领巾加入青年团的故事。他唱着"年轻人火热的心，跟随着毛泽东前进"的歌曲迈进师范学校大门，毕业后，又戴上红领巾成为一名光荣的少先队辅导员。说真的，我也为他而骄傲，他是把全部青春献给了星星火炬事业，献给了可爱的祖国。

从 1956 年至 1984 年，杜功礼先后担任过小学少先队大队辅导员和中学少先队大队辅导员，此间，他光荣地加入了中国共产党，对党的红色事业更加忠贞不渝。1984 年，他调至共青团辽宁省委任省少先队总辅导员，至此，他把自己的 54 个春秋都献给了红领巾事业。退休后他依然马不停蹄，担任省少先队工作学会副会长，继续为星星火炬发挥余热。

杜功礼入队入团入党的人生情结，充分说明了"党团队一体化"的意义。每一个少先队辅导员要紧紧围绕"入队入团入党"这个政治生命的"三部曲"，教育少先队员"听党话，跟党走"，真正让红色基因一代一代传下去！

（作者：张小春）

沈功玲：走过少先队工作 40 载

沈功玲带领她的团队在全国首创了"少先队的自动化"，这无论在理论上还是在实践上，对少先队工作都是一次突破。它充分体现了我国著名教育家陶行知先生 20 世纪 30 年代起就全力倡导的"自动教育观"。叶澜教授说："少先队是个生命场，自动化是少先队工作之魂。"吕型伟先生说："少先队倡导的自动化，符合 21 世纪教育更加主体化的发展方向。"

在自动精神的激励下，一批优秀孩子的潜能最先显现，上海市区成立了红领巾理事会，自发联合起来创办了公开发行的《我们一百万》队报，在区县建起了"红领巾小研究中心"……一个个足以使少先队员和少先队工作者引以为豪的品牌项目，因为她的支持与倡导而得以推广。

同时，沈功玲还认为，队的组织建设是建队育人的基础，也是团建党建的基础，基础打牢地固山牢。在她的倡导下，上海市基层组织纷纷起步对大中小队建设进行改革实验，大队建起了职能部，小队进行优化组建，快乐自主友爱向上中队创建……儿童组织儿童建，儿童组织为儿童。在队组织建设中培养队员组织观念，调动队员创新精神，开发队的组织功能，持续探索运作机制，使队的建设跃上了一个个新台阶。

与少先队工作相依相伴了 40 年的沈功玲，并非因"少年部长""少先队总辅导员""少先队名师"等身份而让大家熟识；重要的是，她代表着那一代少先队工作者，开创了少先队工作的新理念，并指导着一批又一批辅导员的成长。

"自动化" 运作中体验发现之美

1978年秋，时任上海市虹口区第三中心小学大队辅导员的沈功玲从著名老少先队工作者段镇同志身上，感受到他坚定不移走儿童路线、善于发现儿童、点燃儿童的精神与独特能力，于是自觉追随他，深入到一个个中小队去，体验发现之美……

她用心下沉在儿童世界里发现了许多精彩。她抑制内心的激动，有意放手，鼓励队长们也来共同体验发现之美，学习当"水中鱼""智多星"。一次，她让四年级的大队长与大队委自主筹备主持四年级小队长工作经验交流会。

交流中，各小队都有精彩内容，但一致给出高评价的是四（1）2、四（1）4小队。这两支小队在中队辅导员黎老师生病期间，完全靠自己的力量开展起"争当小小宇航员"活动。队员们放学后经常有分有合组织活动，集体练爬杆攻体育达标难关，一起看科技书，做小实验，讲科学家的故事，去幼儿园做公益，访问儿时当过小队长的妈妈，请教怎么把小队活动搞得有声有色受欢迎，召开解决队际矛盾、帮助小队长端正对队员态度的民主生活会……更独特的是，在小队长家亭子间建起了"小队之家"，楼下小院子里还种上了一棵象征小队精神的一串红……

队长们一致提议要在全队表彰。沈功玲建议用命名的方法表彰获得大家赞同。队员们有提"主人翁小队"的，可有队员说："对是对，但太一般，无创意。"对"火车头小队"的提议，有队员说："很形象，确实走在前，但如今前进速度最快的已不是火车，而是航天科学家陈念贻伯伯说的火箭了。""火箭飞上天，全靠自动化。""这两个小队队员不是如沈老师说的靠老师'拨一拨才动一动'的'算盘珠'，而是像火箭一样全自动的，就命名他们为'自动化小队'吧！"这一提议不仅获得队员们一致赞成，还令队员们个个激动不已。

大队委员会根据小队长联席会议建议立即召开全体队员大会，宣布了命名表彰决定，并用故事形式介绍其生动事迹。

孩子们的创举获得了段镇教授的高度评价："国家搞现代化，少先队搞自动化。现代化一定要自动化！绝妙！"

闪光一点，引亮一片。不久一个个更为生动鲜活的案例持续涌现。

典型有个发现、培育、总结、推广的过程，推广后又有一个再发现、再培育、再总结、再推广的过程，如此循环往复，向纵深发展。

段镇总结沈功玲的工作方法为"花仙子工作法"：抢季种花，走马赏花，下马探花，精心育花，击鼓传花，催开万花。

少先队自动化的根本，在于儿童爱自动、爱联动的本性，在于儿童主体个性化与社会化的客观需要。少先队自动化使广大辅导员看到了孩子们"自己管理自己、自己教育自己"的巨大潜力，转变了辅导理念与方法，让教育变得更加民主与开放。

"民主启蒙"闪耀理性光芒

沈功玲坚持推进少先队组织的民主化建设，通过组织育新人。1984年六一前夕，上海少先队在全国率先召开了少代会，建立了少代会制度，民主选举，民主议事，民主决策，民主参与学校管理。

1984年秋，上海市普陀区华阴路小学的一位小代表丁炜在学校少代会上向校长提议，希望学校能给队员一个完全由他们独立搞活动的时间，哪怕只给10分钟。此提案得到众多队员的支持，开明的校长积极采纳。结果一发而不可收，三年就创了5000次自转活动记录。

这是对原有队会模式与队活动"规则"的一次突破——队会不一定都要40分钟，队活动不一定都要队长设计主持。"十分钟"时间短，容易搞，人人有机会当主角，能最大限度满足队员的表现欲、创造欲。队员们将十分钟的特点归纳为："十分自由、十分灵活、十分经常、十分丰富、十分开心、十分受锻炼。"

沈功玲持续蹲点调研、撰文推广，这一自动化的新产品，引来了全国众多教育专家和学者考察，迅速走向了各中小学，后被列入《中国少年儿童百科全书》，写入《中国少年先锋队大全》。

在沈功玲看来，对儿童的热爱不仅体现出一种高尚的情感，而且应该表现出一种教育的理性。"少先队工作是一门科学也是一门艺术，要站在理论的高度思考，寻找出规律性的东西。"

民主的第一课从哪儿开始？自然可以从家庭、学校里起步，但沈功玲认为，大量实践证明，民主的启蒙在少先队里有着最显著、最有效的体现。

"雏鹰奖章课程" 建构与完善

20世纪90年代初，教育领域掀起了规模空前的新课程改革浪潮，传递给人们并让大家振奋的信息是，首次提出要将"活动课程"与"学科课程"并列为两大不同类课程予以同步开发。这触发了沈功玲立志构建一门少先队活动课程的想法，她的想法也得到教育部门领导的支持。

长期以来，少先队教育的运作是非正规的，未想过要建课程，还视课程为包袱，自己将自己比作轻骑兵，打的是游击战，发现什么情况与问题，即刻集中力量出其不意攻下难点，获取显著成效。

但用现代眼光去审视，就会发现它有诸多与现代教育的不相适应，主要表现在教育结构、运作方式及其主体精神不能有效发挥等功能上。

于是，沈功玲带领上海少工委的同志在五所中小学启动实验，探索建立起一个能促进队员生动活泼主动发展的运行机制。两年不到，实验单位自然扩展至178所。浦东唐镇中心校作为全国基础理论专业委员会的科研基地，为全国成功地举办了一次"雏鹰奖章课程建设"的现场会，团中央与上海市委领导均前来考察研究。

十年磨一剑，课程雏形基本形成，由必修类与选修类两种不同科目组成（基层还可设校本类等）。必修类若干分支结构为：组织教育组织建设类、自理自立类、社会服务类、求知益智类、合作交往类、科学创新类、体育文艺类、安全自护类……选修类则提供近百个参考章目引导队员按兴趣爱好选修，发展潜在能力。经教育系统课程专家认定，被列入了学校活动课程，又属少儿组织相对独立的自动实践课程。它实现了队改与教改的优化组合,相得益彰,互补出新,使自上而下的精心合理辅导同自下而上的自主实践活动和谐地结合了起来,发挥出了更好的教育效应。

这门课程成为少先队组织的一个标志,让人们看懂中国少先队在追求什么,同大教育是一种什么关系——团教联合,旨在共同打造一个能显现少先队组织自主特质、家队校社协同运行、引领核心素养具化拓展的进度性实践训练体系,以得到法规性课程体制保障、持久激发队员"为国强而自强"内驱力的课程。

沈功玲说:我一辈子戴着红领巾,是寄一个共产党员的政治理想于少先队,寄一个教育工作者的教育理想于少先队,寄一个国家公民的社会理想于少先队。

所有的投入都依赖于对事业的忠诚。时间的年轮不经意间碾过了她的额头,跃上了她的发梢,却留下了她对少先队永远不灭的热忱与奉献。

(原载 2003 年 24 期《上海教育》,作者:计琳)

张先翱：幸福就是一辈子服务少年儿童成长

张先翱被誉为少先队教育"第一教授"。他的少先队教育思想对全国少先队工作决策和改革创新发展产生重要影响。70 年间，他走遍祖国大地，为少先队工作者培训、讲座 2054 场，完成 100 万字《张先翱少先队教育文集》。

张先翱家中书房墙壁上，挂着一幅书法作品：红领巾与银发齐舞。这是他 1957 年大学期间许下的诺言，他也在用一生践行它。

"如果能填 100 个毕业分配志愿，我 100 个都写辅导员。"

1957 年 4 月，张先翱北京大学历史系毕业，因为热爱少先队事业，他主动申请担任北大附小大队辅导员。这一年，是中国共产党创始人之一、革命烈士李大钊牺牲 30 周年。张先翱的毕业论文主要研究李大钊，他便结合研究所得，专门为孩子们设计了一系列纪念李大钊英勇就义、缅怀革命先烈的主题队日活动。

1949 年暮夏时节，兵败如山倒的国民党军队，为阻止解放军攻克舟山群岛，制造了有名的"宁波大轰炸"。当时，城里很多人都躲到乡下去了，正在宁波市效实中学读书的张先翱却自愿留下来，跟着当时任学联副主席的哥哥一起抢修道路和桥梁。由于他在战火中表现出色，被发展为效实中学首批团员。"我 1949 年 11 月 19 日入团，候补期 3 个月，1950 年初刚好转正，任团支部副书记兼少年委员，参与效实中学少先队建队工作。随后我又任副大队辅导员，正职由教师担任。"张先翱自此与少先队结下不解之缘，这一年，他 16 岁。

虽然他比少先队员们年长不了几岁，但他们都喜欢听他的话。"那时我们晚上放学后和周末经常举行文体活动和劳动，大家都生龙活虎，很是积极。"

1952年，他被评为"宁波市优秀少年儿童工作者"，是40名受表彰者中唯一的高中学生。第二年，他当选为宁波市人民代表大会代表。

当时报考大学可以填报10所院校的志愿，张先翱有9个填写的是全国各地名牌师范大学和学院，只有一个填报北京大学中文系儿童文学专业，"毕竟也跟孩子有关系"，却最终被北大历史系录取。北大5年，他将对少先队工作的热爱延续到校外辅导员工作中。

每到周末，张先翱就到北京市海淀区，给少年之家的少先队员们讲革命故事。对少先队员进行思想政治教育，是他做少先队工作初期就建立起来的理念。"少先队员时期孩子年龄小，记忆力也好，这时进行思想教育，能够给未来一生打上烙印。"那时，他经常利用星期天到北京图书馆（现国家图书馆）老旧报纸阅览室翻阅解放区的旧报纸。张先翱至今依然清晰记得，他看延安的《解放日报》《晋察冀日报》《新中华报》等，带着馒头和酱豆腐，一看就是一天，直到把报库里所有的解放区报纸翻完，让他脑子里装满革命故事。回到学校，他独自一人在未名湖畔练习讲故事，为了讲得更生动，他还去天桥听艺人说评书，学习讲故事技巧。当时，在北京市100多所中小学里，张先翱讲少先队历史和革命故事成为孩子们欢迎的节目。

1958年，北大历史系本科毕业的张先翱在分配志愿表上写道："如果允许我填写100个毕业分配志愿，我要从第一个到第一百个都写上：儿童教育、少先队。"那是1958年夏天，大学生是天之骄子，"哪里有少先队，哪里有儿童教育事业，我就去哪儿。"最终，张先翱分配到共青团北京市委少年部，从此成为一名少先队工作者。

重实践是少先队工作一大法宝

做好少先队工作，重实践，是张先翱的一大法宝。江苏武进，张先翱去过多次。从北京坐上绿皮火车到江苏常州，再从常州借辆自行车，蹬着就奔武进。在武进，他通常住在乡镇招待所，每天早上6点多起床，赶第一班班车到村里小学，晚上再回来，有时太晚，索性睡在学校教师宿舍里，经常一采访就是十来天。"好几次到得太早，校门都没开，我就坐在台阶上等。"

1983年秋，张先翱再赴武进，到夏家塘小学了解少先队工作。他听说县辖聚梧庄村与丹阳新村相邻，两村从20世纪初就结怨，"村战"不断。两村人一见面就瞪眼，开骂是家常便饭，男女青年交往被长辈指责，儿童也受此影响，常在村界处"开战"。四代人怨仇难以化解。

张先翱便向当地辅导员们传达中央领导的教育思想："道德教育要从儿童抓起"，小孩子精神文明可影响成人。辅导员们很受启发。两校决定建立友谊村小队，从两村队员团结友爱做起，进而影响村民。经过反复研究，活动分三步走。

第一步召集两村队员"谈判"，双方多做自我批评，建立友谊村小队。1983年12月28日，友谊村小队举行联欢活动，交换礼品，聚梧庄村赠送写着"友谊共存"的奖状，新村赠送写着"睦邻相处世代传　友谊之花万年开"对联的挂轴，两村队员鼓掌通过友谊村小队文明公约。这让两村成年人很受震动。

活动第二步，两村少先队员在文明公约基础上一起学习、游戏，再没打过架。一年后，两村青年男女开始通婚，老人们互相交流致富经验。

活动第三步1985年春进行，友谊村小队决定在昔日"村战"处建一座友谊碑。孩子们七拼八凑近50元砖头钱。不想，本来保密的事走漏了风声，学校和社会被孩子们的行动感动，也捐了钱。在友谊碑落成仪式上，乡党委送来两面镜框分赠两村队员，两村老人感慨："我们老一辈没有想到和没有做到的事，红领巾们实现了。"

有一次，北京原宣武区教育局召开千人参加的班主任会议，请张先翱去讲课。会前，教育局的工作人员歉意地提醒张先翱："老张，这些年，老师们疲沓了，可能会有一些开会说话，中途退场的。请多包涵！"

张先翱笑着摆摆手说"没关系"。等到真开始讲座，三个半小时竟无人交头接耳，还响起十几次热烈掌声。"光讲理论，老师们肯定不爱听，我都是讲案例，实践性强。实中出虚，理论与实践结合。"张先翱自信地透露"诀窍"。他的实践案例之多，"真讲起来，三天三夜也说不完"。

"玩，是模拟性的社会实践。"

张先翱很看重玩。他说："玩，是模拟性的社会实践。""玩中长智、学玩结合、动手动脑、学习创造"是他为"学"与"玩"之间关系总结的16个字，后来被同事称为"16字方针"。在张先翱看来，孩子的玩有两种定义，一种是广义的，包含除课堂学习以外孩子的一切活动，包含着科学技术、文化娱乐、体育游戏，以及一部分思想道德教育、爱国主义教育。狭义的玩是指孩子的体育游戏：打球、下棋、游泳等。休闲属于广义的玩。

他创办杂志《学与玩》，发行量由28万册增长到40万册。他写的书，名字也叫《聪明来自玩》。"出版社编辑给改成《玩中长才干》，可能他们觉得比较正规。"30多年过去了，张先翱还为这个题目感到遗憾。在他心里，"会玩的孩子最聪明"。

在少先队工作中，张先翱也把"玩"放在重要位置。在他看来，少先队活动没有玩，没有自主活动，少先队就会名存实亡，就会被广大少年儿童厌弃。他对少先队活动理论和历史进行专门研究，倡导队活动"小、近、实、活、深、新"等六个"一点"，被辅导员普遍采用。

他看重少先队小队活动。"小队是少先队组织的细胞，每个小队活跃起来，少先队才真正有活力。"

全国十佳少先队志愿辅导员、河南省少先队工作学会副会长皇甫鸿昌，曾在开封市县街小学当大队辅导员，将学校的小队活动开展得十分活跃。张先翱听说后专程实地采访四（3）中队第一小队"自动化"活动。皇甫鸿昌记得，张教授"零距离"和名号为"机器人""小老虎""小灵通"等队员们提问题、讲方法、谈感想,平等交流,"赞许队员活动方案自己设计、场所自己联系、过程自己实施、成效自己反馈,表扬队员们'人人都是小队的主人',这对我们开展好小队活动很有指导性和推动作用"。

1994年,面对刚刚实行的五天工作制,8000万以上独生子女,以及加强素质教育的时代要求,少年儿童教育工作面临新形势、新任务。张先翱首创雏鹰假日小队活动。11月,他指导北京育英学校小学部6个实验中队,进行雏鹰假日小队应用性实验研究。雏鹰假日小队为校外少先队体系,小队以本中队队员按照居住远近、兴趣爱好、友谊状况适当调配组成,一般三至五人组成一个校外少先队小队,二至三个校外少先队小队组成校外少先队中队,与中队、大队构成校内外少先队双轨制。

小队主要围绕"自学、自理、自护、自强、自律"五方面开展活动。张先翱又指导小学部周末搞"一日营",在一个队员家里生活一天,同吃同住,做到"五个一":学买一次菜;学做一次饭;外出活动一次;每个孩子要给别人带来一份快乐,就像兄弟姐妹一样;要给营地家属带来一份满意,培养团结友爱精神和孕育亲情,使孩子学会交往与合作。"这种活动父母不仅要支持,还可以主动地创造条件组织类似活动。有109个小队开展'一日营'活动,有些孩子性格更开朗,和父母话题更多,与同伴关系更融洽,也更有团队精神。"少先队走入家庭和社区,拓展了时空,是一大创造。

1995年底,全国少工委向全国少先队组织发出号召,推广雏鹰假日小队活动,并把它作为少先队素质教育有效载体。不到两年,全国约有300万个雏鹰假日小队活跃在双休日和节假日,成为当代儿童教育新模式。

河北省少先队工作学会副会长、秘书长张小春记得,当时石家庄开展雏鹰假日小队活动火热。每逢双休日,街上总能看到"红领巾"们手持雏鹰假日小队队旗组织活动,为丰富队员的双休日生活,起到很好作用。

张先翱在《假日小队一日营》一文中总结："自从1994年11月，北京育英学校进行雏鹰假日小队应用性实验研究，三年半时间里，假日小队累计举行一万多次小队活动，两千多名家长辅导过假日小队活动，集中住宿和饮食，这是新发展。有三年多小队活动的良好基础，有数以千计的家长小队辅导员这支队伍，社区少先队深入和发展是水到渠成。"

中国少先队工作学会副会长华耀国说："20世纪80年代，张先翱创立"少先队工作方法论"基本理论。30年来，运用这一方法论，他研究指导少先队劳动实践活动、雏鹰假日小队活动、'五自'活动、体验教育活动、少先队配合新课程改革、实施少先队组织根本任务等，极大推动全国少先队教育发展。"

谈起现在孩子的学习和课余生活，张先翱少有地带着淡淡忧伤的语气说："现在孩子玩的时间太少了。"

组织起来受教育，不是教育好了再组织

1980年，中国少先队工作学会第一次年会在江苏镇江召开，首任会长胡德华提出"少先队学科化"建设的号召。张先翱针对当时少先队工作中存在的运动化、随意性等实际问题，疾呼加强少先队工作系统化主张，此后又主持起草《少先队教育纲要》。

他从科学儿童观、教育观出发，推进"组织起来受教育，不是教育好了再组织"的组织思想，促进"全童入队"方针贯彻。他撰写《少先队工作系统化初探》《系统论与少先队教育系统化》等文章，解析《少先队教育纲要》，通过少先队在学校教育、社会教育相互之间存在有机联系的诸要素共同构成，阐释少先队教育在学校教育中保持动态平衡、不可或缺的特殊功能性和必要性。

少先队工作研究从何处入手？张先翱选择先阐释根本问题——为什么有学校还要有少先队。

这一看似简单的问题，实际是中国少年儿童教育一个基本理论问题，即学校教育和儿童组织教育的不同定位和根本区别，不仅是怎样认识少先队教育根本特征的理论思考，更关乎少先队组织怎样在学校发挥作用的探索实践。

张先翱从性质、任务和教育方法特点三个维度进行清晰说明，纠正部分教师和少先队工作者在这一问题上的模糊认识。同时，他立足学校与少先队的区别，明确少先队教育是组织教育，是爱党、爱社会主义教育，是荣誉感、责任感教育，具有独特教育模式，对少先队工作者和辅导员工作实践具有重要指导意义。

在工作中，张先翱提出"加强少先队组织教育及管理"主张，并就组织教育的内容、方法、原则作出论述。他创建"少先队学"，剖析"少先队的素质教育工程"基本论断，认为少先队"要办成少先队的样子"，提出"实施少先队根本任务的基本方法""少先队如何配合新课改"等诸多现实问题。

1986年底，张先翱调入中国青年政治学院担任少年工作系主任，并创办以研究少先队为主要任务的理论刊物《少年儿童研究》。在此期间，他主编我国少先队学科第一本大学教材《少先队工作方法论》，并组织编写多本少先队学科大学教材，使少先队学科进入大学殿堂。他不仅提出"最优化、系统性、辅导与自主相结合、创造性和激励"的方法论五原则，还提出"管理教育""阵地教育""队日活动""启发诱导""榜样教育"等10种方法，全面系统论述少先队教育活动的方法论，既有学术性，又有实践性和应用性，对全国少先队活动开展，起到理论先导和实践促进的双重作用。

张先翱构建第一套高校少先队教育学教学体系，在史、论、法三个方面，提出完整有效的教学内容、教学方法、教学过程和教学结果评价组成的教学要素和知识框架，将少先队理论与实践工作紧密结合，将教育原则与工作方法有机融合，将课内教学和课外实训相互联合，开拓独具特色的少先队学系统工程。

1991年，中国青少年研究中心成立，他任少年儿童研究所所长，直到退休。谈起张先翱的贡献，原全国少先队工作委员会副主任、宋庆龄基金会副秘书长艾玲说，从"少先队工作方法论"到"好活动评析20例""如何衡量队活动的质量""少先队活动的年龄层次特点",以及"让美充满孩子的心灵","张教授睿智的语言和思想像珍珠一样将少先队工作穿成美丽的项链"。

一切都在光阴中老去,唯有少先队工作情怀不改

在"幸福指数"成为社会热词的当下,张先翱笑谈他的幸福就是一辈子服务少年儿童成长。"天底下还有比为这么多人服务、为未来工作,更为幸福的事吗?工作虽然艰辛,但幸福的暖流时时撞击我的胸膛——这就是我的幸福观。"

张先翱有一则箴言:"辅导员是我师是我友。"亦师亦友间,是他对少先队辅导员队伍建设的重视。在全国优秀少先队辅导员、原中国少先队工作学会少先队活动专业委员会副主任顾岫荫心中,张先翱是终生恩师。"1980年,张教授到无锡采访我们学校少先队工作时的一番谈话,让我走上少先队工作之路,干了一辈子。"

退休后,在中国青少年研究中心组织下,张先翱主持编辑出版《百年中国儿童》辞书,纵贯百年历史,横跨17个儿童领域,涉及近30个门类,填补中国教育史一项空白。编辑出版三年间,他夜以继日工作,一条条修订词条,"除了睡觉吃饭,都在编修辞书"。

也是退休后,张先翱时间稍微宽裕些,除了继续为几所大专院校系统讲授少先队课程外,还到全国各地为辅导员授课。他用工整的楷体字,在笔记本中记下自己全国讲课的情况,往往一场讲座会引出几场十几场。"从大学时代开始,到现在,已经做了2054场报告,对象多为省市区县少工委培训的辅导员骨干。"张先翱说。多的上千人,少的几十人。

为了支援大西北老、少、边、穷地区少先队工作,他上百次义务授课,自付差旅费、食宿费,到西部贫困地区为师生免费授课,赠送教材逾5000册。七八十岁高龄,张先翱还住小旅馆,睡大通铺。

退休后,张先翱以中国少先队工作学会少先队活动专业委员会主任身份,在浙江、江苏、广东、北京、山东创建了30多个少先队活动研究基地。15年里，他指导80多个活动课题研究，培养一大批少先队科研骨干，并主编书籍《少先队活动科研成果集》《少先队活动科研之花》，且公开出版发行。

2014年，张先翱主编《中国少年先锋队基本知识挂图》，所得2.8万元稿费全部买挂图赠送给西部五省学校。这一年，他出版《张先翱少先队教育文集》等三本少先队工作用书，十万余元稿费全部用于买书，赠送给西部地区少先队辅导员。张先翱三次去青海，两次到西藏高原。"在西藏，跟我同去的老师高原反应，我替他讲了两天。"看着台下老师们专注听课的神情，他说感觉不到疲惫。

2012年初，张先翱被查出患有结肠癌，做了大手术，才因为身体原因减少外出讲课。此后，他拿稿费和工资购买少先队书籍，赠送给西部少先队辅导员，代替讲课。

张先翱家里几乎没有装修，瓷砖地，白墙，米白色写字台和刷着黄色亮油的书柜，老旧得有些开裂，一把棕黄色藤椅，椅子脚上绑着塑料袋，防止磨地板。他说："30多年前搬进来就是这样，后来再也没有动过。"一切都在光阴中老去，唯有少先队工作情怀不改。

在《张先翱少先队教育文集》序言中，他郑重写道："我是少先队工作者队伍中的一名老兵，生命不息，探索不止。"而今，他还在路上。

（原载2020年第15期《中华儿女》，作者：华南）

李启民：鲜红的领巾系心上

红领巾的光荣

1949年家乡解放，我在湖南老家上小学，在北京新华通讯社工作的哥哥经常给我寄《中国儿童》杂志。我对杂志中登载的团中央决定建立中国少年儿童队的消息特别关心。当时乡里军代表也给我们讲，中国少年儿童队队员是要戴红领巾的，红领巾是红旗的一角，是革命烈士的鲜血染成的。听后我就想，我要是能戴上红领巾，那该多好啊，多光荣，多神气啊！于是，我在学校里努力学习，积极参加土改队和学校组织的一切活动，排演文明戏，上街宣传土改的意义，贴标语等，老师提出什么要求我都走在前面。等到了10月底，学校建立了中国少年儿童队组织，乡里军代表还决定发展队员，我就成为新中国第一批少年儿童队队员。戴上了鲜红的领巾。从此，红领巾一直鼓舞着我努力向前。

红领巾的责任

我来到北京后，1954年夏天，被团中央选中代表中国少先队员参加苏联在黑海组织的，有20多个国家参加的阿尔迪克国际少先队夏令营活动。当时，从全国各地挑选的15名少先队员，组成中国少先队中队，大家还选我担任中队长。阿尔迪克夏令营营地就在美丽的黑海湖畔，那里有整洁的宿舍、规律的生活、丰富的活动等。在各项活动中，我们中国中队都努力争先，每个营员都以自己是中国少年儿童的代表而自豪，严格要求自己，积极参加各项活动，主动与各国小朋友交朋友，十分自信出色地完成每项任务。在夏令营的各项运动成绩中，中国中队排在前三名。记得在联欢篝火晚会上，我穿上哈萨克民族服装，跳起了马刀舞,获得了阵阵掌声。夏令营虽然只有短短的十几天,但对我一生都起着激励作用,更使我感到光荣、自豪和幸福。我深切地感到红领巾的荣耀、星星火炬的伟大、少先队员的责任。这一难忘的活动,对我人生道路的选择起了非常大的作用,使我和红领巾结下不解之缘。

红领巾的召唤

1957年当我读高中时,已经是共青团员了。一天学校领导找我谈话,希望我提前毕业留校担任少先队大队辅导员工作。这一突如其来的要求,对我震动很大。当时因为苏联的航空航天事业世界领先。我决心上大学将来献身中国的航空航天事业。现在党组织让我做少先队辅导员工作,这可怎么办?我反复思索,当想到自己的少先队经历,入队时的宣誓,阿尔迪克幸福的夏令营生活,想到队组织和辅导员对我的关心,以及辅导员曾对我说的话:当一名少先队员无上光荣,红领巾在胸前飘扬,鼓舞你进步,并要记住责任。我们新中国的儿童,不怕艰难、不怕担子重,为了新中国的建设而奋斗。红领巾在召唤我,让我做少先队辅导员,就是让我去做受孩子们尊敬的人,我有责任去传递星星火炬,去影响他们,引领他们从小树立远大的理想,为祖国的未来事业时刻准备着。就这样,虽然家长不同意,但我决心已下,开始走上少先队辅导员光荣而又崇高的岗位,让红领巾继续在我的胸前飘扬。

8年的少先队大队辅导员工作给我留下了深刻的记忆。我组织队员开展丰富多彩的少先队活动,活跃他们的课外校外生活。当时,在教育界有人认为,学生应踏实在学校念书,少搞些活动,一时间,共青团、少先队的活动受到一定影响。我反复学习毛泽东论教育的思想,认识到知识不只是从书本上来学,还应在实践中学。少先队组织是培育人的大学校,更要通过丰富多彩的活动与实践去育人。在共青团的带领下,我积极组织队员走入社会大课堂,学工、学农,参加麦收劳动,走访老红军,学雷锋,为人民做好事。通过多次教育活动,队员们的素质明显提高了。

红领巾的传统

"文化大革命"对少先队组织的破坏，给少年儿童的成长带来很多不利的影响。"四人帮"篡改少先队的性质，把少先队污蔑为"全民队"，并予以取消。作为在少先队培养教育下成长的我，感到心痛不安。不久，组织上调我去团中央参加筹备恢复少先队的工作，我真是打内心里高兴。团的"十大"决定正式恢复少先队组织。后来又让我担任了团中央少年部副部长。这时很多老少先队工作者关心、支持我的工作，同时又对我寄予希望：要继承和发扬少先队工作的优良传统，还要勇于在新形势下改革、创新、发展。

推动事业发展的关键是要有一支坚强的队伍。我的第一项任务是加强少先队辅导员队伍建设。由于"四人帮"对少先队的诋毁、污蔑，一些辅导员已不太愿意做少先队工作，也有些年轻同志不熟悉少先队工作，不会做。当务之急，要大力宣传少先队辅导员的光荣与责任，加强少先队基础知识培训。为此，我和少年部的同志连续举办了两届全国性少先队辅导员夏令营。夏令营从建制上就富有少先队特色，参加夏令营的全体辅导员作为少先队员组成一个大队，下设六个中队，每个中队再设三个小队，全体辅导员要戴红领巾，还聘请了大队辅导员、中队辅导员，全体辅导员像少先队员一样体验当时中国最高水平的少先队生活。夏令营活动中，不少老少先队工作者、老辅导员将心血倾注到引导年轻辅导员掌握少先队基本知识和工作技能上，努力搞好传、帮、带。老同志们的无私奉献感染着年轻辅导员认真学习、积极创造。在整个夏令营期间，洋溢着浓厚的学习风气、研讨风气。这之后，各级团队组织也采取了各种措施，加强对辅导员队伍的建设，使少先队的传统迅速得到恢复和发扬，全国的少先队活动又蓬勃地开展起来。

红领巾的不了情

1999年我退休后，因工作需要，仍在中国关心下一代工作委员会工作，更加关注少年儿童弱势群体的健康成长，为了儿童的生存权、受保护权、发展权和参与权做了大量有益的工作。在这种情况下，我仍未忘记少先队工作，先后担任中国少先队工作学会秘书长、副会长、名誉副会长等职务。在改革开放新形势下，少先队工作也要创新、发展。为探索、推动社区少先队工作的开展，我积极组织并参加了中国少先队工作学会社区少先队专业委员会开展的40多个课题的科学研究，并编辑出版了《社区少先队多种模式研究课题成果集》。更可贵的是通过课题的研究，培养、锻炼了一批理论与实践相结合的少先队辅导员。这让我十分欣慰，更坚定了让红领巾永飘胸前的决心。

（原载2009年全国少工委主编的图书《我与红领巾》，作者：李启民）

吴芸红：一辈子献给孩子的人

她是为少先队工作奉献了一生的人。

从1946年主持中共地下党创办的《新少年报》《咪咪信箱》栏目，到团上海市委少年部，再到团中央少年部，直到1983年离休，几十年的时间，她一直在跟少先队打交道。甚至在94岁高龄，她还在亲笔修改少先队历史文章。

很多人说，她是少先队工作的专家，可是她却说自己只是一个老少儿工作者，做了一件"最不起眼的小事"。

她弥补了少先队历史的空白，离休后，她与人合著的40万字的《少先队工作手册》，被誉为"中国第一本""中国少先队学的奠基石"。她主编的25万字的《中国少年儿童运动史话》，则是中国少年先锋队建队以来的第一部记述中国少年儿童运动的史册。但她却拒绝要稿费，她说她做的都是她分内的工作。

她是新中国成立以来团中央系统第一个被评为全国先进工作者的人，她还是中国福利会颁发的樟树奖获得者，但面对这些荣誉，她从来都是心有"惭愧"，"我只不过做了一些大家都在做的事情，与大家一样，太普通了。我没有任何突出的地方，没有什么可以值得奖励的地方。"她曾经这样说。

吴芸红，这是一个很多人并不熟悉的名字，却是一个可以载入少先队工作史册的名字。

一辈子的时间都给了少儿工作

在时任《辅导员》杂志执行总编的李沧海眼里，吴芸红是个偶像级的人物。李沧海常常想，这个90多岁温文尔雅的老同志怎么就有那么大的精力，一直到去世都没有停止对少先队工作的思考。

"很难想象一辈子专心做一件事是什么感觉。吴老师就是这样，她把一辈子的时间都给了少儿工作。"李沧海说。

吴芸红从事少儿事业是从1946年的《咪咪信箱》开始的。那个时候，她是全国各地少年儿童的"咪咪姐姐"，每天都会有很多小读者给她写信，倾诉生活中的磨难和苦闷，而她做得最多的便是通宵达旦给他们回信。尽管来信众多，但吴芸红却从来不马虎，每一封必定是认真读过，然后再认真回复，有时候一回就是五六页之多。

自那之后，吴芸红就再也没离开过少儿工作了。无论是在共青团上海市委，还是到了团中央，她始终盯着基层的少先队工作。

后来担任中国少先队工作学会名誉副会长的沈功玲在刚刚进入共青团上海市委少年部工作时，曾不止一次听到过吴芸红的故事。

"当年和吴大姐一起在《新少年报》共事的老同志段镇，以前在共青团上海市委少年部工作，他曾跟我讲吴大姐是怎么工作的。当时我觉得自己工作已经很卖力了，但段镇还是对我的工作状态不满意，他要我向老同志学习，提的最多的榜样便是吴芸红。"沈功玲说。

尽管过去了几十年，沈功玲已经不太记得段镇曾对她讲过的那些往事，但段镇对吴芸红工作劲头的描述，她却记得清清楚楚，"她在共青团上海市委的时候要求少年部的干部每周都要到基层蹲点，要去发现好的少先队活动，发现好苗子、好典型，然后再推广开来。"这样的劲头，一直到吴芸红离休很多年后都保持着。

沈功玲还记得，1988年自己跟吴芸红一起去内蒙古调研。那时，已经67岁的吴芸红跟着一些年轻的少先队工作者一起走进一个个少数民族学校。

"她每到一个学校，都会和学校辅导员深入交流，询问少先队的活动，还会蹲下来跟少先队员聊天。"在沈功玲的记忆中，那时的吴芸红身体并不好，可是她却全程跟着调研。作为一个已经离休多年的老干部，吴芸红原本是不需要这样辛苦的。

吴芸红的劲头，同样让《辅导员》杂志社原社长柯英印象深刻。

吴芸红离休后，柯英每年都要跟着不同的人去看望她，有时候是跟团中央的领导，有时候是跟基层的辅导员。每次，吴芸红侃侃而谈的都是少先队，讲少先队史，讲自己当年开展的少儿工作，讲怎样开展少先队活动……一讲到这些，她就刹不住车。有时候柯英都会觉得心疼，"她都七八十了，跟我们讲这么长时间。"

"文革"前，吴芸红曾经去北京通县（今通州区）调研。那一天，她连续走访了两个小学，跟校长、辅导员、少先队员都进行了长谈，等她调研回去，团委已经下班，关了大门，她和同事只能爬大门进去，翻窗取出自己的行李。

这个听来的故事一直印在柯英的脑子里，而这是吴芸红为少先队工作废寝忘食的最好佐证。

在少先队领域工作的时间太长，少先队对于吴芸红来说已经是她生命中不可或缺的一部分。只要听到哪里有好的工作经验，或者好的少先队员典型，她都会无比兴奋。后来，高龄的吴芸红已经没有太多精力去基层调研了，但只要是有需要，她依然会毫不犹豫地上路。

"前几年我们在上海有什么重要的活动，或者开关于少先队的理论研讨会，都会请她，她都没有拒绝过。"沈功玲说。

但是，90岁以后的吴芸红实在没有力气再跑，甚至给杂志社写文章或者给年轻的少儿工作者写信都有些吃力，连她写在稿纸上的字都带着颤抖的痕迹。

最重视孩子需要什么

这一生，吴芸红的眼睛都在盯着少年儿童。

"她做很多事情不是站在教育者的角度，而是站在儿童的立场上，她是真正的以儿童为本。"吴芸红每一次给《辅导员》杂志提建议的时候，柯英都能深切地感受到这一点。

而她在做《咪咪信箱》的时候，这一点更加突出。

面对小读者的来信倾诉，吴芸红从来没有以指导者的身份自居，而是真正去关注孩子们和他们内心的需求。

那个时候，吴芸红不仅办报，还和战友们坚持组织各种小通讯员的活动，时事座谈，读书讨论，参观报馆和儿童福利机关，唱歌、游戏、跳舞，举行联欢会，还办了小图书馆。而每一项活动，在当时来说，都是小通讯员们想要的。

这种儿童观在她几十年的工作中从未丢失。中国青少年研究中心少年儿童研究所原所长张先翱，曾经跟吴芸红共事了11年。这11年，甚至在更长远的时间里，他一直被她的这种观念影响着。

1980年，在《辅导员》杂志做顾问的吴芸红发起了"都入队了少先队还有作用吗？"的大讨论，她还亲自写了讨论总结。

在刊发的总结中她这样说："在少先队，少先队员是组织的主人，他们自己出主意想办法，自己动手组织各种活动，他们自己管理自己，自己教育自己，我们应该信任儿童，尊重儿童，适应儿童的特点。"

在吴芸红心里，少年儿童的事就是最大的事。

曾任共青团上海市委少年部部长的沈功玲也经常向吴芸红汇报自己的工作。每次汇报，吴芸红不仅关心她个人的工作情况，而且更多地关注基层少先队的情况、少先队员的情况。

那个时候，她开口必问："你们孩子的积极性、创造性、主动性调动得怎么样呀？少先队员都有什么需求呀？"

如果听到小朋友的案例，她马上就会兴奋起来不断地追问。

当年，沈功玲学着前辈们办报的样子，办起了少先队队报，上海100万少先队员有了自己的报纸，热情一下就被点燃了。接着，红领巾理事会、红领巾通讯社也都成立了。

听到这些，吴芸红的眼睛都亮了，她说："像这样符合少年儿童兴趣需求、调动他们积极性的事情一定要支持！"

"这都是我分内的事。"

把一生都奉献给少儿工作的吴芸红没有喊过累，更没有因此而争过荣誉。

直到现在，吴芸红编的书还是很多辅导员用来开展少先队活动的指南。而其中很多内容，都是在她离休后用腿跑出来、用笔一点一点写出来的。

共青团中央少年部原副部长徐文孝曾经跟着吴芸红编辑过书。1978年，团中央少年部刚恢复，为了恢复少先队组织，使辅导员尽快地提高业务水平，吴芸红主编了一本《少先队工作手册》。

"工作量很大，吴老亲自写提纲，约稿，审稿。"徐文孝说。

那个时候的吴芸红身体不好，她常常带着病改稿子，为了稿子的质量，她一字一句反复地抠，甚至有的她觉得不好的地方，就自己重写。跟在吴芸红身后的徐文孝就这样看着她把一本好几万字的小册子编好了，她对少先队工作的熟悉程度让他咂舌。"一年多来跟着她编这本书，少先队工作也就印在我的脑子里了。"

在编《中国少年儿童运动史话》时，60多岁的吴芸红和另外两名离退休的老大姐一起辗转福建、江西、湖南等地，去基层寻找最早那批见证少年儿童运动的人。拜访老人、查阅资料、走访文史馆，这些连年轻人做起来尚且有些吃力的工作，吴芸红做了一个多月。

最后，一部四本《中国少年儿童运动史资料选辑》和一本25万字的《中国少年儿童运动史话》成为她的战绩。不过，一个小细节却引起了张先翱的注意：那本她主编的《中国少年儿童运动史话》封面上第一作者写的竟然不是吴芸红的名字。

"她就是这样的人，她从来不在乎荣誉，人家给书提些建议，她就把人家的名字写成第一作者。在报纸杂志上发稿也是这样的，给辅导员改稿，就算是她全部重写了，她都不会加上自己的名字，甚至她自己写的文章都署编辑部的名字，再不行就用笔名。"张先翱说。

名利在吴芸红面前几乎没有一点分量。她拒绝荣誉，拒绝稿费，拒绝组织上给她的特殊照顾。

她体弱多病，经常头晕，单位想派小汽车接送她，她拒绝了。1983年职称评定，按学识、水平、能力和资历，她可以直接申报编审（相当于教授），她也拒绝了。

甚至，在出差的时候，连一张软卧车票她都拒绝。

"我只不过做了一些大家都在做的事情,与大家一样,太普通了。我没有任何突出的地方,没有什么可以值得奖励的地方……"面对褒奖,她总是这样说。

这样的吴芸红让张先翱佩服、感动,"老吴是我这一生都要追随学习的楷模。"

这样的吴芸红也总是能让张先翱不自觉地提起,不管是写文章,还是作报告,甚至是给别人的书写序言,吴芸红都是他经常要提的名字。

"在少先队工作的星空中,最为明亮的星当属与党同龄的老少先队工作者吴芸红,她长期在团中央少年部、《中国少年报》、《辅导员》杂志工作,品德高尚、有口皆碑;少先队工作中许多指导思想凝结着她的心血……她岁入耄耋,思想年轻,是共青团系统的模范党员,是我们崇敬、追随的楷模……"

这是张先翱为2016年7月的《辅导员》杂志写的刊首语,只是这一次,吴芸红再也看不到了。

吴芸红2016年去世,享年96岁。

(原载2016年《中国青年报》,记者:陈凤莉)

张学周：我愿为红领巾事业奋斗终生

俗话说"万丈高楼平地起，牢不牢实看地基"。少年儿童的教育工作，特别是对少年儿童的思想政治教育，是关系到一个人一生健康成长的奠基工程。把少年儿童培养成党的事业的可靠接班人，是党交给我们教育工作者的光荣任务，也是一名少儿教育工作者义不容辞的神圣职责。作为兰州市的少先队总辅导员，我深感责任的重大，工作能否做好，要凭自己主观能动性的发挥。因此，我把为少儿教育事业尽职、尽心、尽力作为自己工作的信条，把对少年儿童进行全面、深入、细致的思想政治教育作为自己工作的中心任务。多年来，我也曾有过转业、调动的机会，但为了少儿教育事业，我都一一放弃了，我仍然专心致志地在少儿教育工作岗位上辛勤耕耘；在担任兰州市少先队总辅导员的日子里，我时刻牢记着自己肩上所挑的重担，有人要求也好，没人要求也好，我都全身心地、扎扎实实地投入工作。

我是新中国成立后第一批戴上红领巾的老少先队员。1958年参加教育工作后又成了一名光荣的少先队辅导员，从那时起，红领巾又开始在我的胸前飘扬。随着时间的推移，我的工作从中队辅导员、大队辅导员到中学主管教学和思想政治教育的副校长、青少年科技指导站站长、少儿工作研究部部长等多次变换，但对少年儿童的思想政治教育工作却从未间断过，可以说红领巾永远同我相伴。1962年，共青团中央授予我"全国优秀少先队辅导员"称号，从那时起，我就有一个想法：对少年儿童的教育，只靠少数一些先进工作者做是远远不够的，而要有千千万万个优秀辅导员共同来努力，才能把工作做得更好。出于这种思考，早在20世纪60年代初我就在甘肃省多次向辅导员们介绍过工作经验，担任培训辅导员的授课任务。

1978年，全国恢复少先队组织，我第一个站出来承担了兰州市、甘肃省辅导员的业务培训工作。1984年团中央少年部和《辅导员》杂志借调我到北京筹办全国辅导员进修学校并承担了"少先队基础理论、基本知识"的教材组稿工作。我还参加筹备了首届全国少先队员和辅导员代表大会。回到兰州后，我更多地承担了对辅导员的业务辅导和培训工作。从1985年担任兰州市少先队总辅导员以来，我为省、市和各地、州、县以及外省区共授课200多场次，培训辅导员近万人次，还为兰州市城关区、七里河区、西固区、安宁区和榆中县的中小学校长们做过少先队"雏鹰行动"的辅导。

　　我认为，要当一个称职的总辅导员，就要培养和带动好基层的辅导员们把工作做好，因此，我除了承担培训任务外，还通过自己主编的一报一刊，即：《少儿活动报》（现更名为《少年文摘报·少儿活动专刊》）公开发行和《少儿工作研究》季刊，对兰州市的少先队工作进行经常、全面、具体的指导。《少儿活动报》是兰州市少先队队报，它以"传递少儿活动信息，提供少儿活动资料，推广少先队优秀活动，发表少儿优秀作品"为宗旨，对少年儿童进行全面素质教育，发行量一直稳定在5万份以上，这份报已成为少先队员们的好朋友，辅导员和家长的好助手。"中国少年雏鹰行动"开展以来，我通过报纸，用两年多的时间，亲自为少先队员们编写了10万多字的"争章达标"辅导文章，对全国倡导的41个达标章中的30个逐章进行了辅导。在《少儿工作研究》发表了许多辅导员的经验文章，既为大家提供了一个习作的园地，也培养了一批理论骨干。

　　我经常深入学校，调查了解少先队工作情况，先后为几十所中小学的数万名少年儿童作过题为《少先队员要做党的好孩子》《和少年朋友谈理想》等少先队组织教育的报告，用少先队组织特有的革命性、教育性去启迪孩子们的心灵，使他们从小树立远大的理想，成长为共产主义事业的可靠接班人。我为十多所学校的家长学校做过辅导，同家长们一道探讨教育少年儿童的经验；通过省、市电台，为少年儿童指导假期生活。我撰写的少儿教育和少先队工作论文有60余篇在全国学术性书刊上发表。

　　1981年5月，我通过理论学习和多年实践，完成了一万多字的《少先队教育系统化设想》一文，该文在共青团甘肃省委《青少年问题研究》上发表，后又在《甘肃教育》杂志上连载刊登。在这篇文章中，我从少先队基础知识、爱党爱国、品德纪律、传统教育、为人民服务教育、勤奋学习教育、阵地教育、文体教育等十个方面，对不同年级的队员提出了不同的要求。该篇文章后来成为全国少工委起草《少先队教育纲要》的参考材料之一。

　　1989年，我的论文《略谈青少年校外兴趣与专业班的思想品德教育》发表在省级刊物《青少年展望》上。1990年，我的论文《少儿德育与情感效应》在重庆市召开的全国少工委的理论研讨会上交流后，被全国8家学术刊物全文转载。1991年，我的论文《关于少儿校外德育的两点设想》获全国校外教育研究会年会论文评比一等奖，并发表在全国性刊物《校外教育》上。1994年，我的论文《新形势下校外教育如何贯彻"三个面向"的方针》获全国论文评比一等奖，并发表在团中央的《校外工作》刊物上。1995年，我的论文《"三个面向"在校外教育中的体现》发表在上海《校外教育研究》上。同年，《喜忧参半的中小学生双休日》一文在《兰州晚报》12月31日《社会纵横》栏目里整版发表，并被评为征文三等奖。1997年，我的论文《跨世纪校外教育工作的指南——学习十四届六中全会精神的一点体会》发表在《校外工作》上。与此同时，我参与编写了《少儿校外教育探索与实践》一书。

　　1985年，我的论文《浅谈少先队的科技活动》一文获全国三等奖。1988年，我参与编写了由共青团甘肃省委、甘肃省少工委主编的《五星队员达标辅导手册》。1989年，我关于青少年科技活动的13万多字的专著《中小学生科技活动指南》出版。1989年，我又编辑了甘肃省少先队工作丛书"队旗下的思考"。同年，在全国论文竞赛中，我的论文《少先队的科技活动》又获全国优秀奖，并收入《青少年课外科技活动的研究与探讨》。1990年，我参与编写了甘肃省试用教材

《全日制小学劳动课教材》和《中学劳动技术课本》共七册。

1990年为推动学赖宁活动，我与另一位同志合著了《从雷锋到赖宁》一书。1991年为配合《少先队教育纲要》的施行，我编著的《少先队员手册》出版，并向全国发行20多万册。该书不仅对推动甘肃省少先队"五星队员达标"活动进行了全面细致的辅导，还对加强少先队的组织教育和科学管理提供了有价值的参考。1992年，我的《少儿德育与少先队工作——张学周少先队工作经验选》一书由甘肃少年儿童出版社出版，全国发行。1993年，我参与编写的《小学生家庭教育》一书成为甘肃省广播家长学校的教材；撰写的《少儿德育与少先队工作经验选》出版，在全国发行，为少先队工作文库献上了一份厚礼。1995年，配合少年军校教育活动，我编写了《光荣的小战士》一书，成为兰州市少年军校的教材。

为了给少年儿童提供更多的精神食粮，提高少年儿童的综合素质，我从少儿教育的需要出发，利用业余时间，为少年儿童编著出版了20多本专著。其中有《国旗颂》《三热爱班队活动实用资料选》《三热爱教育材料》《小学生爱国主义教育读本》等爱国主义教育系列书籍；有《中小学生科技活动指南》《全日制小学劳动课教材》《中学劳动技术课》等科技类书籍；有《少儿德育与少先队工作》《从雷锋到赖宁》《光荣的小战士》等少儿思想品德教育书籍，还有《少儿校外教育探索与实践》等校外教育的书籍及多篇理论文章。我深深感到，为少年儿童办事情，就要扎扎实实，实实在在，一步一个脚印，要付出艰辛的劳动。

人的生命在于运动，少先队员的成长要靠"活动"。寓教育于生动活泼的活动之中，这是我在少先队教育实践中所坚持的一项原则。为了提高兰州市少先队教育效果，多年来我为少年儿童倡导和辅导过多次有意义的活动。比如，1980年我在武都路中学担任副校长时主管教学和团队工作，我亲自协助辅导员设计和组织了"爱科学月"活动，"学雷锋、争三好"活动，"热爱祖国"活动，受到上级组织的表扬，出席了全国大中学校思想教育工作会议。1985年至1986年，我亲自设计并组织了兰州市少先队员开展"预备队在行动"活动，在全国产生较大影响，后来被收入《少先队工作辞典》。在以后的少先队创造杯活动、学赖宁活动、劳动实践活动，以及"中国少年雏鹰行动"等活动中，我都以开现场会、专题培训、编写书籍、撰写文章等形式，对兰州市以至甘肃省的活动进行过辅导，都产生了积极的效果。为了向少年儿童进行生动具体的爱国主义教育，从1998年开始，我设计策划并亲自带队，先后三次共组织1080名师生参加《少儿活动报》小记者参观采访团，赴首都北京参观考察，受到了少年儿童和家长，以及社会各界的好评。

在从事近一辈子的少儿教育工作中，我也遇到过这样那样的曲折和困难。最为难忘的就是1966年我在兰州职工子弟小学担任大队辅导员时，由于长期埋头于少先队事业，我被指责为修正主义建队路线的黑典型，被兰州市教育局系统进行长达一年的批判。在刚开始的一段时间里，我也有过困惑，彷徨，难道我从事的少先队工作错了吗？难道为祖国培养教育下一代错了吗？经过一段时间的思想斗争，我更坚定了从事少儿教育事业的决心。因为，我深刻地认识到，正是由于青少年素质教育的欠缺，才会出现"文革"这样的悲剧。我只有在自己的岗位上从一点一滴做起，培养更多的品学兼优、思想政治坚定的接班人，才会使一代又一代的青少年健康茁壮地成长，成为社会主义建设事业的有用人才。

我的家庭是一个教育之家，在长期从事少儿教育事业的过程中，没有亲人的理解和支持，能坚持到今天是难以想象的。两个孩子还小的时候，我记得他们对我提出的要求就只有一个，那就是希望我能领他们去逛逛公园，像别的孩子那样，在父母的呵护下尽情地玩耍。然而，因为当时正是恢复少先队组织的时期，我一天天东奔西跑，为各校的建队工作进行指导，组织一个又一个的活动，没有时间领他们去逛公园，以至于孩子们很难理解我这个父亲。随着时间的推移，他们一个个长大了，才慢慢理解了我的工作。

漫长的人生历程，使我认识到人活着就要有价值的体现。少儿教育工作者的社会价值就在于为培养祖国社会主义事业的接班人作出无私的奉献，就在于将人生献给祖国和民族的未来事业。退休后，我担任甘肃省关心下一代工作委员会传统教育报告团副团长，先后两次被评为全国关心下一代工作先进个人。虽然年事已高，但为少年儿童教育事业我要一如既往，把自己的余生毫无保留地献给这一伟大的事业。

我愿一生与红领巾紧紧相伴！

（作者：张学周）

段镇：把全部身心献给少先队

在中国少先队历史上，段镇是一个极富传奇色彩和创造力的人物，也是集实践探索与理论研究之大成的少先队教育家。我自1978年起多次采访段镇，甚至在他家里居住半个多月，为其写成长篇传记《解放孩子》，于2000年出版。30多年深度交往，段伯伯（我经常忍不住会把他当作尊敬的长辈）给我最深的印象就是：他把一颗心全部奉献给了儿童发展事业，是一个真正的共产党员，是一个杰出的少先队教育家。

"迎接光明的新中国到来"

1945年2月，中共上海地下党组织批准段镇（当时名为段锦云）等入党。因为是地下秘密活动，党员又是单线联系，每个党员的入党宣誓均分别举行。1945年7月，为16岁的段镇举行入党宣誓仪式时，室外刚刚有一队日本巡逻兵经过。

1949年4月3日，地下少先队成立，在党组织的培养下，段镇积极在青少年工人中发展党员，参加《新少年报》组稿、联络等各项工作，被称为一员"虎将"。这对段镇来说，是他生命中至关重要的一件大事，因为他终于找到了为新中国贡献毕生力量的最佳事业。

在此之前的一天，地下党支部书记胡德华约他谈了一次话："阿段，国民党叫我们共匪少先队，我们就成立少先队吧。组织上已经决定，由你负责建立地下少先队，团结广大少年儿童，迎接上海的解放！"

"您放心吧，我会完成党交给的任务！"段镇满怀信心地说，"可以用'青鸟'读书会为掩护，成立一个铁木儿团，稳健地发展地下少先队组织。"

胡德华满意地笑了，夸奖道："阿段成熟了，可以挑重担了呀。现在是秘密工作时期，不要公开用少先队的名义，要保护好每一个队员！"

经过地下党支部对各个"青鸟"读书小组的分析，决定在小通讯员中，秘密建立地下少先队组织。1949年4月4日，是国民党在大陆的最后一个儿童节。前一天4月3日，恰逢星期天，上海地下少先队首批队员，分别举行了宣誓仪式。不久，在段镇的细心安排下，沪中、沪南两区的地下少先队员聚在一个秘密地点，讨论怎样开展队的活动。

有个队员不解地说："反动派都说《新少年报》是共产党的少年先锋队机关报，说我们是'小共党'，为什么不能直接用少先队这个光荣的名称呢？"

"是啊！""我们也这么想。"好几个队员都轻声嚷嚷起来，并紧紧围住了段大哥。

段镇笑眯眯地分析当时的形势后说："不论这个组织用什么样的名称，少先队的红领巾早已飘扬在你们心中了。重要的是，我们这个组织应该发扬战斗精神，配合大哥哥、大姐姐工作，迎接光明的新中国到来。"

说罢，他拿出了苏联作家盖达尔的小说《铁木儿团及其伙伴》，请大家边读边讨论起来。其实，这些队员已经熟悉铁木儿，但经段大哥一引导，他们一下子开窍了："对呀！我们也可以像铁木儿那样做呀！""铁木儿才是真正的少先队员呢，应当向他学习！""我们也成立铁木儿团！""要像铁木儿那样秘密行动！"……兴奋起来的队员们献计献策，设计出了铁木儿团的统一标志。"T"代表铁木儿，"△"代表广大少年儿童。这就是说，铁木儿团在少年儿童之中，要团结更多的小朋友来共同战斗；△也是五角星的一只角，五角星代表光明，象征中国共产党、人民解放军。铁木儿团是跟着中国共产党、人民解放军去迎接光明的。

段镇本是地下党委派做地下少先队组织发展与联系工作（即如今的辅导员工作）的，但在选举中，队员们一致推选他为铁木儿团团长，推选地下少先队队长李森富为副团长。从此，段镇既是他们的辅导员，又是他们的团长。

一个个地下少先队员就像一颗颗种子，在地下党培育之下，很快便在上海一些学校生根、发芽了。

立文小学里的铁木儿三人小组走在最前面，一件事就使他们名震全校。段镇和原地下少先队员曾这样记述铁木儿团的行动：

一走进立文小学的校门，就闻到一股臭味，原来校门正对着厕所。学校想省钱，没请专职清洁工，一些同学又不注意公共卫生，抽水马桶坏了不修理，日久天长，越来越脏。厕所的板门因为太脏了，推门时大家不愿用手，都用脚踢，很快就把板门踢了一个大洞，阵阵臭气就从这破洞里扩散出来。

立文小学铁木儿团的三位团员悄悄地行动起来。一个星期天早上，三位团员瞒着家人来到学校，刚进校门就被传达室的老伯伯挡住。老伯伯怀疑地问："今天不上课，你们来干什么？"三位团员支支吾吾地说不清，这更加重了老伯伯的疑心，坚决不让他们进去，还说明天要报告校长，这一来可把他们难住了。三人退到隔壁一条弄堂的转角，立即召开"紧急会议"。他们记起段大哥讲过争取群众支持，开展各项工作的故事，想到传达室老伯伯是好人，应该争取他的支持。于是，他们重新又回到学校门口。

老伯伯看见他们去而复回，感到奇怪，反而要他们进传达室，想好好盘问一番。可这几个孩子不说别的，却问老伯伯："老伯伯，这里怎么这样臭啊？"一句话引起了老伯伯的不满，他发起牢骚来了："喏！就是那厕所呀，脏了没人刷洗，坏了没人修理，门也给踢破了，我最倒霉呀！一天忙到晚，看门、摇铃、搬东西、扫操场，让校长再用一个校工打扫厕所也不肯，真是……"

三位团员看到机会来了，马上接口说："老伯伯，我们来打扫好吗？""你们？"老伯伯像听到什么古怪的声音似的瞪眼望着他们。三位团员立即你一言，我一语，把他们要"尽力做让别人看不见的好人好事"这一愿望告诉了老伯伯。说得老伯伯又感动又欣喜，高高兴兴地让他们进了校门。三个"铁木儿"拿出准备好的铁桶、石灰、抹布、木板和锯子、刷子等，投入紧张的战斗。在老伯伯的配合下，抽水马桶修好了，用"来沙尔"药水消了毒，洗刷得干干净净，还用石灰把厕所粉刷一新，门也修好漆了一遍。

星期一清早，老师、同学们一进校门就发现厕所大变样，墙上还贴着一张"忠告"："看，厕所现在多干净呀！臭气没有了，门也修好了。但是，一、请你保持清洁，用后放水冲洗；二、请你用手推门，不要用脚代劳；三、请你……"署名："📐"。

"📐"是谁呀？全校同学都议论开了，反正，是做这件好事的好人呗！有人向传达室老伯伯打听，只见老伯伯直摇头："不知道，不知道。"

铁木儿团的活动在勤光、位育、立文、储能等小学和建承、中法、市西、洋径、育才等中学里十分活跃。有的学校团员多，有的只有一两个，但他们都能按团章的要求认真去做。一时间这些学校里好人好事大量涌现。随着这种新风吹进学校，同学和老师的精神都为之一振。

"📐"在少年儿童的心中扎下了根，一批敬佩"铁木儿"行为的同学，千方百计寻找着铁木儿团。而铁木儿团呢，经过考察和讨论，把最积极的同学一个个地吸收到自己的组织里来，学校里的队伍不断地壮大起来。

沉下去，"海底探宝"

1949年上海解放后，段镇担任共青团上海市委少年儿童工作委员会组织科长。他没有浮在机关忙忙碌碌，而是把大量时间用来去基层学校蹲点。少先队建队50周年时，段镇回首往事，感慨万千，写了一篇谈蹲点的重要文章。他写道：

我从事少年儿童工作和少先队工作从"地下"到"地上"，从筹建中国少年儿童队直至今日少先队，前前后后总共有54个年头，基本上没有离开过少先队，这是我的幸运。如今虽已年过七旬，仍能快乐地为少先队奋斗。我的座右铭是："甘为红领巾孺子牛，誓当少先队敢死队。"我想我将干下去，干到死而后已。我的领导、我的老师，那些大哥大姐们传授给我许多宝贵的精神财富，其中最珍贵的"宝贝"是群众观点、群众路线。它是少先队工作的"法宝"，又是培育锻炼少年儿童工作者的"法术"。建队50年来，我就是这个"法宝""法术"的学习者、使用者、体验者和受益者。

段镇在肇周路小学期间，与大队辅导员刘元璋一起，总结、创造了著名的"友爱小队"经验，就完全是从队员的实践中来的。

一天下午，段镇正和刘元璋在商量事情，副小队长张元元推门进来，急匆匆地说："辅导员，小队长陆幼珍两天没来上课了，怎么办？"

他说话的态度，既不焦急，也无同情之感。两个辅导员还未回答，他接着又说："准是逃学了。哼，还是小队长哩！""你推测她一定是逃学吗？"刘元璋重复地问了一句。"一定是！队组织应该处分她。""现在我还不能同意你的意见，我不赞成随意批评一个人！"刘元璋说，"我看，还是按照中队辅导员的建议，先派一个同学，或者你自己亲自去一趟，了解了解她到底为什么不来上学，弄清楚了事情原因，再来决定是否要批评，好不好？"

张元元的脸骤然地红起来了，两手搓着衣角，也许他事先没有料到辅导员会这样回答吧。为了使这种不协调的空气快点散开，刘元璋扶着他的肩膀说："张元元，我思考再三，最好还是由你自己去完成了解任务，不知你是否愿意？"

"好，我现在就去！"张元元兴奋起来了，话刚说完，就飞也似的冲出了办公室。

第二天早晨，段镇和刘元璋吃过早餐，刚刚走进大队部，张元元就来了。紧接着，中队辅导员也匆匆赶来，她也是来谈陆幼珍缺课的事。

三个辅导员交换了一下眼色，示意张元元先讲。

张元元的表情和昨天下午来报告时的状态大不相同，脸上已经没有昨天那种毫无同情之感的神色，而是相当严肃地汇报说：

"报告辅导员，我已经到陆幼珍家去过了，她不是逃学。""那为什么不来上课，又不请假呢？"刘元璋急着问。"她的弟弟病得很厉害，妈妈要去上班，又要请医生、买菜，只能把陆幼珍留在家里照顾弟弟，而且也一时抽不出身来请假。她见到我去了，很着急，说弟弟不知道什么时候病好，如果老不到校上课，功课会落后，她担心赶不上大家……"张元元愈说愈急促，看样子已动感情。他最后问："辅导员，你们说该怎么办呢？"

"是的，怎么办呢？"三个辅导员都在想这个问题，以至于忘了张元元站在一边正等待着他们的回答。

"我知道，昨天是错怪了她，随便说人家逃学。可是现在……"他自言自语得像在做检讨似的说。

这时，中队辅导员讲话了，她说："我们大家应当立即想办法帮助陆幼珍。"

段镇和刘元璋当然很赞成中队辅导员的建议，因为这正是向孩子们进行友谊教育的好时机。

此时，张元元活跃起来了，他说："我们想今天下午开个小队会，由我报告访问陆幼珍家的情况，然后请大家讨论帮助她的办法。"

"好！我们也来参加。"

出乎意料，这个平时并不怎样关心人的小队，在讨论帮助陆幼珍的问题时，竟是那样一致。当张元元报告完毕时，孩子们都抢着发言，情绪十分激动。

"我住在她家隔壁，到她家去很方便，让我去帮助她好了。"一个队员说。

"我和她平时很说得来，我去吧。"另一个说。"让我去好啦，我能帮助她补课，还会帮助她做点家务事。"又一个队员抢着说。

小队会很快做出了决定：从当天开始，由功课好、住得最近的朱珊和林小娥负责去帮助陆幼珍。"我们一定很好地完成大家交给的任务。"朱珊和林小娥激动地说。荣誉感与责任感在她们身上涌现出来了。两个孩子没有辜负小队的委托，她们实现了自己在小队会上的诺言。为了正确清楚地给陆幼珍补上落下的功课，上课的时候，她们更加用心地听讲；每天下午放学以后总是准时地到陆幼珍家去履行任务；每天早晨又总是把陆幼珍做的作业按时交给老师批改，一天又一天，从不间断。不久，共青团华东工委举行少年儿童队工作讲习会，段镇被派去作专题报告，专门介绍肇周路小学培养团结友爱集体的经验。这是段镇第一次作带有理论性的经验总结。

少先队需要"自动化"

令人难以置信的是，注重实践经验和自下而上教育的段镇，居然被打成"右派"，加上"文化大革命"的磨难，失去了多年珍贵的工作机会。1978年，被解放出来的段镇已经50周岁。但是，他的经验，他的才华，他的斗志，依然光彩夺目。于是，一时间，段镇成了许多单位争夺的"宝贝"。段镇毫不犹豫地选定了回共青团上海市委少年部，回到他魂牵梦绕的少先队！当若干单位争调段镇之时，他已经在虹口区第三中心小学蹲点几个月了。电影《闪光的彩球》就是在这里拍摄，电影里的大队辅导员就是以沈功玲为原型创作。

多年以后，沈功玲回忆：段镇来蹲点说来就来，非常突然。在一个静静的楼台上，我开始向他汇报工作，也讲了我如何费尽心思设计队活动，又怎样到处请人，可他似乎感兴趣的不多。我渐渐悟出来了，唯一使他兴奋的是孩子的故事，他关注的是孩子们在组织里究竟什么状态，有没有主动性、积极性和创造性，他特别重视孩子怎么想怎么做，反复地问个不休。在第一次谈话中，他也讲起了刘元璋学校的故事，告诉我说，海底探宝是辅导员的本领，而宝在龙宫里。后来，我发现他身上有一种魔力，特别吸引孩子的那一种魔力，孩子们一见他就开心，又唱又跳，还与他对歌。

的确，在第三中心小学，段镇是一个魅力无穷的人，走到哪里都受到热烈欢迎。这天下午，四（1）中队的队员们发现了段镇，争先恐后地迎上来，喊着："段伯伯！""快到我们中队来呀！"段镇快步走过去，躬下身子，亲切地摸摸这个孩子的头，又拍拍那个孩子的肩。

有个小队员盯着他的头，惊叹道："哎呀，段伯伯有白头发啦！""我老了。"段镇笑嘻嘻地回答。

那个队员摇摇头，又指指段镇的心，说："您这儿不老。"

一天，段镇兴冲冲地找到沈功玲，说："好诗呀！五年级少先队员写的好诗！"说罢，朗诵起来：

小火箭长又尖

呼的一声飞上天

我呀真想乘上它飞向2000年

沈功玲一听也兴奋起来。她马上去队员中了解，原来是孩子们听了科学家陈念贻伯伯的报告，明白了火箭是现代化的象征，一下子迷上了火箭。

段镇知道这个情况后，手舞足蹈地说："孩子们喜欢火箭，向往现代化，是多么珍贵的兴趣啊！中国要把'文化大革命'耽误的时间抢回来，不正需要火箭精神吗？"

在校长许树宜和副校长张雪珍的支持下，第三中心小学少先队大队委员会决定，新学年少先队活动的主题为"火箭呀，前进！"。该活动以创"三好"（身体好、品德好、学习好）为目标，以调动全体队员自我教育的主动性为目的，并以浪漫主义情趣为特色。

队员们立即行动起来了。

活动方案规定：驾火箭以中队为单位，而每个中队必须有85%以上队员拿到火箭票方可乘坐。

火箭票实际是一枚精致的金属徽章，可以戴在胸前。那么，拿到火箭票需要什么条件呢？队员们就作为一个现代宇航员所必须具备的素质展开热烈讨论。

少先队制定了"跳一跳可以摘果子"的激励性标准。只要队员在"三好"的某一方面有一点点进步，比如，看科技书、做小制作、小实验、体育达标、保护视力、乐于助人等任何一个方面进步了，都可以拿到一张火箭票。这火箭票是蓝色的底，代表天空，一枚神奇的小火箭上面加了一颗卫星。在那些日子里，它成了队员们梦寐以求的奖赏。

队员们纷纷算日子、定目标，有个人目标、小队目标，还有中队目标。有几个较胖的女队员体育达不了标，她们请男队员当教练，冒着严寒，光着小脚丫，拼命练习爬杆，皮都磨破了也咬牙忍着，终于使体育成绩及格了。

关于这段经历，段镇本人曾这样回忆与评述：

1978年底，我调回共青团上海市委任少年部部长，即总结了"火箭活动"经验，化为"跨火箭奔三好"的活动向全市推广。我仍坚持每周都深入第三中心小学。在那里，我欣喜地发现了少先队的自动化小队活动，经过总结使之由点到面滚动发展，最后推向全市，延续至今。

段镇之所以敏锐地抓住了自动化小队，是他长期探索自下而上自我教育的结果。在他看来，自动化正是自下而上自我教育最形象的表述与体现，而自我教育才是真正有效的教育。

在深入研究了少先队自动化的目标、内容和特点之后，段镇写道：

少先队自动化的目标是——把大、中、小队培养成为具有独立、主动、创造精神和自我教育能力的团结友爱集体；把少先队员培养成为具有集体主义思想、自动首创精神、独立自主能力和富有个性特长的小主人。少先队自动化的基本内容是：自己的活动自己搞，自己的事情自己管，自己的同志自己帮，自己的进步自己争。这四条简称"四自"。它是自动化诞生初期总结概括出来，以后成为各级少先队组织和广大少先队员争创追求、带有一定规范要求的方向标。

"自动化"在虹口区第三中心小学掀起后，共青团上海市委少年部和上海市少先队工作学会给予热忱扶植，并大力在全市倡导、推广。经过两年多时间发展，上海市涌现了250个水平较高的自动化大、中、小队集体。在1980年庆祝"六一"的万人大会上，中共上海市委的领导给这些自动化集体授发了奖旗，鼓励全市少先队将自动化活动进一步蓬勃开展下去。

段镇是个谦虚的人。实际上，自从段镇主持工作起，上海的少先队工作始终走在全国前列，并对全国少先队的发展产生重大影响。

在一次陪同外宾考察上海少先队工作时，团中央少年部一位负责同志介绍说："中国的少年部部长当中，年龄最大的一位在上海，少先队工作水平最高的也是在上海，上海是代表中国少先队工作水平的城市。"

创建少先队学

1983年4月，段镇来到繁花似锦的广州，出席"中国少年科研规划与中国少先队工作学会年会"。这是一次意义深远的会议。这次会议由团中央和中国社会科学院青少年研究所联合召开。会议认定全国学会提出的"史、论、法"作为规划的重点项目，由吴芸红、张先翱、段镇与韩振东分别承担。少先队学科建设从此进入社会科学行列。

从广州回来，段镇很快创办《上海少年工作通讯》，这本内部刊物持续出版进入第30个年头时，2012年9月，国家新闻出版总署批复上海市新闻出版局，同意《上海少年工作通讯》改名为《上海少先队研究》，公开出版发行。2016年1月，为扩大全国各地专家学者的参与程度，提高刊物在全国的学术影响力，《上海少先队研究》经批准正式更名为《少先队研究》，作为全国少先队系统内唯一一本以少先队理论研究为主的专业性学术期刊。

与此同时，段镇采用调查研究、总结经验、教育实验、文献资料研究等多种方法，一边实践一边写作。《少先队教育学》于1985年3月由上海教育出版社正式出版，这是中国第一本少先队理论专著。段镇作为主编，不仅策划了全书，还撰写了理论的主体部分。与许多书斋型的学者不同，段镇主编《少先队教育学》，似乎不是写出来的，而是干出来的。

当许多人为《少先队教育学》的出版欢呼雀跃的时候，段镇却非常冷静，因为这只是他的一个初级目标，更重要的是独立撰写出一部《少先队学》，同时组织编写少先队学科的系列作品。

经过 25 年奋斗，80 岁的段镇独立撰写的《少先队学》，2008 年 7 月由上海人民出版社正式出版。这是中国少先队历史上第一部学术性专著，被中国第一个少先队专业的教授张先翱誉之为"少先队学科的奠基之作"。《少先队学》的理论阐述是以马克思主义的发展学说为指导思想，以少先队主体化思想为核心，以少先队创造性实践的新经验为基础，重在面向现代化、面向世界、面向未来。全书 53 万多字，共有"十论"，即 10 个篇章：绪论、儿童论、组织论、教育论、快乐论、创造论、活动论、辅导论、改革论、借鉴论。

2008 年 9 月 12 日，段镇少先队学术思想研讨会在上海社会科学院隆重举行，会议由上海社会科学院、共青团上海市委、上海市少工委联合主办。与 1991 年举办段镇少先队教育思想研讨会不同，这次是段镇呕心沥血 25 年的《少先队学》出版了，并且荣获上海社会科学院学术杰出贡献奖。许多人并不知道，就在研讨会举行前的 8 月份，段镇刚刚病危住院。

一天晚上，劳累了一天的段镇正准备洗澡的时候，突然摔倒在浴室里。夫人听到动静，赶紧跑过来，却无力扶起丈夫，马上给儿子打电话，赶快把段镇送进华山医院。医生检查结果为心肌梗死，并且心脏血管几乎全部堵住了，意外的是，段镇居然新生长了一根小血管，还通畅，依然在危险中维持着生命。医生一面发出病危通知，一面紧急为段镇安装了几个支架，将堵塞的血管逐一疏通。

谁知，转危为安的段镇乐观而幽默，称自己新生长的血管是"红领巾血管"。

2014 年是段镇生命的最后一年，已经 86 岁的他依然与少先队的发展实践保持密切联系，依然在精心修订自己的专著。

那一年 9 月 21 日下午，在沈功玲老师陪同下，我们一起去华山医院看望段伯伯。黄昏的阳光依然明亮，照在 86 岁的段伯伯身上。他更加清瘦，银白的头发明显稀疏，戴着鼻饲，坐在靠窗的病床上。我们一见面，双手便握在一起，虽然乏力，却是暖暖的。

为了气氛轻松一些，我开玩笑说起某个儿童剧演员的名言："如果我有一把枪,就把不重视少先队的人消灭光!"段伯伯笑了,一脸慈祥地说:"要和啊,要柔啊。"我惊叹段伯伯年迈体弱却头脑清晰,那天见面,他提出一个观点:如今存在重儿童轻少年的倾向。

2014年10月15日19时18分,把全部身心献给少先队的著名教育家段镇与世长辞!

悼念段伯伯的活动很多,规格也相当高,但最值得欣慰的是,段伯伯以毕生心血独著的53万字修订版《少先队学》,2015年5月由上海人民出版社出版,成为最好的纪念。

(原载2020年第15期《中华儿女》,作者:孙云晓)

倪谷音：用整个的心，做个整个的教师

1949年8月，我考入上海市第一师范，毕业前夕，我有幸参加了皖北地区的土地改革，亲眼看到了祖国农村的贫穷与落后。正是改变祖国贫穷落后面貌的需要，召唤我走上了教师的岗位。来到一师附小以后，是孩子们的欢声笑语吸引我选择了少先队辅导员这个职业。

几十年来，组织上给我安排一个个具体岗位，先是让我当辅导员，不久，就让我兼任副教导主任，当教工团支部书记。1978年春，我开始了附小校长生涯。这一项项的工作实践，使我越来越认识到教育是塑造一代又一代新人的伟大事业，是为共产主义大厦添砖奠基的实在工程。所以，我确认教师的岗位是光荣的，也是艰苦的。我常这样勉励自己、告诫自己：教师最要紧的品格就是对共产主义事业的信念，对儿童少年的热爱和为事业、为儿童服务的老黄牛精神，以及不断求新的创造精神。选择教师职业，就是选择呕心沥血的岗位，要用整个的心，做个整个的教师。

我没有进过校长培训班，还是在当辅导员的时候，系统学过两年大专班的中文，其余都靠自学。我读过《比较教育学》《克鲁普斯卡娅论少先队》《列宁少年先锋队》《辅导员》，还特别爱读伟人的传记，比如，《马克思传》《恩格斯传》《毛泽东同志初期革命活动》，我崇敬鲁迅的硬骨头精神，爱看教育小说《教育诗篇》《爱的教育》《古丽雅的道路》《帕夫雷什中学》，以及陶行知和陈鹤琴的教育文集等，记住教育家和科学家们的许多名言、格言和教育家们提出的许多新鲜课题，并从中得到启示和教育。

感谢党组织一开始就让我做少先队辅导员，即使当了副教导主任后，还同意我的请求，继续兼任大队辅导员。长期的实践，使我逐渐

摸索出一些少先队工作规律。

由于既当教导主任又当辅导员，我较早地认识到少先队应当贯彻全面发展的方针，在方法上历来重视少先队工作与学校教育教学工作紧密结合，使少先队活动富有思想性、知识性、趣味性。几十年来，学校开展的"红领巾月""书的剧院""红领巾小园地""生物角""尊师节""爱生节""科技节""艺术节""红星节"等爱国主义教育、传统教育和知识教育的传统活动，使德、智、体、美、劳各育相互渗透交叉，使每个孩子的童年生活充实、欢乐而有意义。

在少先队工作中，我尝试培养儿童的创造精神。早在20世纪50年代，学校就建立起创造性游戏节，发动少先队员动脑动手，自己创造丰富多彩的集体生活，锻炼创造的才干，从小学习自己当家做主、自己管理自己的本领。

我当少先队辅导员，一直牢记少先队是进行共产主义启蒙教育的，牢记克鲁普斯卡娅的名言："少先队要培养社会活动家""热心公众事业"。从20世纪50年代起，学校就建立起值日中队、少先队午间俱乐部、少先队代表会议制度，培养少先队员为公众服务的热情和习惯，培养维护集体利益观念、培养少先队干部工作能力，学习民主管理。20世纪60年代起，一直坚持向少先队员进行人生三件事（入队、入团、入党）的教育，在队员心中树立起刘胡兰、黄继光、雷锋等一个个英雄形象。

20世纪80年代以来，我更明确把少先队当作一门教育科学来研究，参与制订上海市少先队教育大纲，参与编写我国第一部少先队教育学，研究少先队教育系统化、制度化、阵地化，研究少先队自我教育的理论和方法。

1978年，我走上了校长岗位，学习实践对学校的全面管理。一直在附小工作，熟悉学校的过去和现状，又加上长期大队辅导员的锻炼，成了我做校长的基础，比较顺利地适应了岗位需要。我试着把少先队工作的经验，迁移到整个学校管理，抓学校工作，坚持把抓"目标管理"放在第一位。对学校来说，目标管理就是教育思想的管理，就是方针的管理，在学校的各项工作中，我总是反复讲党对教育的方针、政策，做到师生员工人人皆知，并且让大家反复弄清这些指导思想的时代性和重要性，使教师们的认识与时代前进的脉搏息息相通，经常有针对性地组织阅读各种教育书刊，学习教育理论和教育经验，举办各种专题讲座，吸收古今中外的好东西，联系学校实际，化为自己的思想、作风和经验。

  平时，我重视抓学校传统的继承和发展，特别是教风的继承和教育思想的建设。当校长第一年，就发动了全校教师，还把老校长和老教师都请回来，共同总结附小的好教风，从人谈到事，从事又谈到一位位具体的教师，最后归纳成"三严四认真"——严肃地对待教育事业、严密地组织教育工作、严格要求教师和学生，认真备课、认真上课、认真批改作业、认真辅导有困难的学生。好教风总结出来后，我们把它当作学校共同的财富，要求人人身体力行，永远坚持。更重视在继承基础上的发展。20世纪80年代起，我开始着力于教育思想的建设，认识到"爱"是教育的前提，没有爱就没有教育，只有爱教育事业、爱学生，才能全面贯彻教育方针。于是，从提高教师队伍素质着眼，大力倡导建立"两爱、两全"的教育思想——爱教育事业、爱学生，全面贯彻方针、面向全体学生。让全体教师明确"两爱、两全"是搞好学校各项工作的出发点，也是衡量工作成果的标准。

  1983年，邓小平同志教育要"三个面向"的指示，使我们站得高了、看得远了，不再就教育谈教育，而是从四个现代化的需要，从未来的需要来看学校教育的责任。于是，在"两爱、两全"基础上，加了"两个适应"，一是学校教育要适应社会发展需要，二是要适应儿童成长需要。一个正确指导思想不是下一道命令、发一个号召就能建立起来的，需要反复学习、议论和实践。可以说，从20世纪80年代到90年代，我都把加强教育思想建设放在制订学校各种计划的重要位置上，不断学习党和国家的教育方针，不断树立先进典型，总结发现好思想、好事例、好经验，逐渐形成附小教师的座右铭："教学生5

年[1]，为他们想 50 年，为国家为民族想 500 年。"

在建设教育思想的同时，学校对学生的培养目标也越来越清晰。陶行知早年主张："教育者所要创造的是真、善、美的活人"，"千教万教、教人求真；千学万学、学做真人。"陈鹤琴先生在创办上海女师和附小时，也制订了培养目标：教学生"做人，做中国人，做现代中国人"。新时代，《中共中央关于全面加强新时代少先队工作的意见》要求，要引导少先队员努力成长为德智体美劳全面发展的社会主义建设者和接班人。1984 年第一次全国少代会上，邓颖超同志提出"三个创造"精神，号召孩子们树立创造的志向、培养创造的才干、开展创造性的活动。

1985 年，全国教育会议上，在全面发展基础上，又特别强调了献身精神与科学精神的培养。我和教师们都认真进行学习并且联系学校实际、学生实际，研究如何贯彻，制订出了附小的办学宗旨，也就是"愉快教育"的实验目标为"使每个学生都有幸福的童年"，具体说：1. 塑造儿童美好的心灵；2. 发展学生创造的才干；3. 锻炼学生健壮的体魄；4. 培养儿童活泼的个性。实践使我懂得抓教育的建设和管理，使工作都有明确的依据和努力的方向，这是校长管理的牛鼻子，抓住了它，可以统率全局，可以提高一批人，可以使全校教师齐心协力、奋发上进。

我作为校长，工作中有一个重点是抓住教育科研，这是使学校永远充满朝气与活力、不断发展的重要一环。一师附小是一所实验性学校，各项教育改革实验，常在学校进行。我当校长，注意组织教师学习教育家们的论述，了解世界教育改革的动向，积极发动和鼓励全校教师开展教育科研，从"发展儿童智力""培养儿童的创造精神""少先队与学校教育教学相结合""建设第二渠道"等课题抓起。在各个单项实验中，我一直有一种想法：怎样把许多分散的单一的实验项目组织起来，统一在一个主题下，把各项改革概括到规律性问题上来研

---

1. 编者注：1986 年，全国开始实行九年制义务教育，小学和初中学制呈多样性，有小学五年、初中四年，小学六年、初中三年等学制划分。

究，并且能概括出教改的特色，概括出学校办学思想。通过学习许多教育家的论述，我认识到教育要遵循它自身的规律，社会主义教育既要研究教育的社会性，使教育更好地为社会发展服务，又一定要研究儿童，从儿童个性的完美发展着眼。各个年龄段的教育，有不同层次的规律，过去自己搞儿童教育，却很少研究儿童的心理需要。长期以来，很多人都只强调读书艰苦的一面，其实，这一点对少年儿童并不合适，儿童教育应该在儿童化上多下点功夫。陈鹤琴先生就强调要让儿童"在游戏中，在富有情趣的教学与活动中获得知识，学会本领"。让他们付出劳动换到的是快乐，让孩子在童年时期学得愉快，玩得愉快，使他们心情舒畅，主动地、愉快地成长，并且使愉快留在他们童年时代美好的记忆中。为此，我大力倡议实施"愉快教育"，用"愉快教育"来适应儿童生理、心理需要，调动学生学习主动性，解决当前学生对学习较被动甚至当作"苦事"的问题，并以"愉快教育"为主题概括全校的教育科研，寻找儿童健康成长的科学规律。由于目的清楚，主题鲜明，发展就快。从20世纪80年代初提出"愉快教育"后，我们先后就"愉快教育"的指导思想、教育目标、内涵、特征与要素、原则、方法及途径进行了一系列探索与实践，还专题研究了"愉快教育"的教育观，包括办学观、学生观、教学观、学习观，使"愉快教育"的实验逐渐从实践操作上升到理论层面。我体会到校长抓教育科研，在于认准方向、坚持下去，决不半途而废，并且要不断总结，不断找出规律，不断提出新的奋斗目标，既抓实践，更要抓理论提高。

我当校长时间不算长，比起我当辅导员来，工作的面要宽得多。学校好比一个小社会，一校之长要管的事千头万绪，要做好它，关键在于充分依靠全体教师和学生。他们是学校的主体，校长一定要把创造的主动权交给教师和学生，让他们真正行使主人权利，让教师和学生都能主动地、愉快地进行实践、创造与发展。

实践出真知，当了校长后，我先是被动地学习管理，逐渐地转为主动。我把自己认识到的一些问题，理出了十句话，作为我从辅导员到校长的小结，也作为学做校长的一点心得与体会，我将在有生之年继续贡献自己的微薄之力。

一、勤于学习——明确办学思想，努力学习党和国家对教育的指示，学习前辈留下的宝贵财富，吸取当代校长教师创造的新鲜经验，联系学校实际，研究内化为各项工作的指导思想。

二、沉于第一线——坚持生活在教师和学生中间。群众是真正的英雄，第一线同志是最实在的。几十年来，我从第一线教师中，汲取了极其丰富的经验。当校长后，我更把"沉于第一线"作为校长工作的准则，既把教育主动权交给教师和学生，又努力发现和总结推广他们的新创造。

三、乐于出主意——具体组织教育教学实践。用正确的教育思想领导学校工作，这是校长工作的核心。但是，教育思想与学校教育教学毕竟还不是一回事，校长要按照校情帮助教师实践正确的教育，多出主意、多想办法。如果把学校工作比作一项工程，校长要担任总工程师角色，做一个受师生欢迎的领导。校长不仅要立足于提要求，检查效果，更要立足于帮助教师和学生出主意、想办法，为他们创造条件，使他们获得成功。乐于出主意，我常常化作三方面的行动：（1）不间断地向师生介绍前人的经验和当今新事物、新信息；（2）制订计划，力求一个"早"字、一个"新"字，还力求一个"实"字——要来自师生，不闭门造车；（3）及时反馈、及时了解计划能否操作，有什么困难并乐于帮助解决。

四、敢于闯新路——把教育科研作为学校发展主线。一所学校要发展，尤其在当前日新月异的时代，更不能墨守成规，一定要不断有创新。要求师生有创造精神，校长首先要敢闯新路。获得一点成果后，不沾沾自喜，而是寻找新的主攻方向。

五、巧于弹钢琴——合理组织各项工作，争取获得整体效益。学校工作千头万绪，虽是小学，也是五脏俱全。我把各项工作比作独唱、合唱、重唱、伴唱，你中有我、我中有你、相互协调、弹唱和谐。我要求人人都是主角，人人又是配角。校长则把全校工作看作一盘棋，对独唱、合唱、伴唱、重唱都要十分重视，注意合理组合，有秩序地和谐进行。

六、严于管风气——建设良好的校风、教风、学风。风气是什么？是一所学校、一个集体的面貌，是一种无声的舆论，也是这个集体中每个成员对自己的自我要求、自我约束、自我遵循的准则。我把建设好校风、教风、学风，看作学校建设中的软件，看作一股巨大的精神力量。

七、重于抓总结——这是提高教师水平的重要举措。搞好学校工作，制订计划、实施计划好比是播种与耕耘。总结则是收获。师生天天实践，天天劳动，天天创造，通过总结、收集整理、分析评价，从中找出规律，上升为理论。我认为，总结不是工作结束，而是延伸，这样周而复始，可以有效地提高教师的工作水平。

八、喜于为人梯——着眼于建设一支高素质教师队伍。教师是培养未来人才的人，因此，他们本身就是人才。我深知，出一个好教师，对国家，对人民都是功德无量的。教师的品格、文化修养、业务水平对培养高素质的学生都至关重要。千方百计为教师们介绍和提供学习、进修的机会，为他们创设锻炼的舞台。

九、诚于搞合作——班子合作贵在"诚"。良好的教师集体是在良好的班子带动下形成的。俗话说，独木不成林，面对着20多个班级、千余名学生、七八十位教职工，光有校长，哪怕你有再好的设想，或者你个人有什么特殊才干，也是什么事都办不成的。班子合作贵在"诚"，我从德、才两方面选拔干部，从支部书记、副校长到教导主任、总务主任都是具有教学第一线实践经验的好教师。进入班子后，我要求大家专业不丢，彼此之间，团结协作，相互支持，相互补台，形成一个志同道合的领导集体，形成一个坚强的核心。

十、细于理钱财——合理使用教育经费和教学设备。办学的钱本来不多，要一分一厘用在刀刃上。一是用在奖励先进上；二是用在添置图书、设备，改善办学条件上。对添置来的图书、设备，要保证管好、用好。

（作者：倪谷音）

徐国英精神赞

徐国英，江苏省、扬州市少先队终身辅导员。84岁高龄的徐国英，做少先队辅导员整整65年。65年里，鲜艳的红领巾时刻飘扬在她的胸前、系在她的心头；65年里，她将整个心灵献给红领巾，谱写着一个又一个闪光的篇章，创造着一个又一个人生奇迹。徐国英用一生的奋斗，写就了壮丽的人生：党的十四大代表、全国优秀少先队辅导员、全国有突出贡献的少年儿童工作者、全国少先队工作突出贡献奖、全国道德模范提名奖……徐国英是少年儿童工作者的优秀代表，是千百万少先队辅导员的典范。

忠诚是徐国英精神的本色。在徐国英身上，充分体现出始终保持共产党员先进性，为党的少年工作事业奋斗终身的坚定政治信念。徐国英，这个在旧社会做过童工的苦孩子，新中国第一批少先队员，对党有着无比浓厚的感情。65年来，徐国英把对党的忠诚，体现在对党创立的少先队的热爱上；把对党的理想信念的信仰，写在了日复一日的少先队工作中。60多年间，徐国英也有过多次参加其他工作的机会，甚至担任了两届江苏省政协常委，但她从没有离开过少先队工作岗位一天。退休后，她谢绝了民办学校的高薪聘请，主动到扬州市少工委当上了志愿总辅导员。四次戴上红领巾的经历，是徐国英精彩人生的全部；做一名终身辅导员是徐国英终生的追求。

奉献是徐国英精神的核心。在徐国英身上，充分体现出无比热爱和关心少年儿童成长，为少先队事业辛勤耕耘、鞠躬尽瘁的崇高敬业精神。"不为名利所动，不为病痛所苦，不为困难所屈，不为白发所移"，是徐国英的座右铭，也是她人生的写照。徐国英曾先后患上多种慢性病。因为肠腔狭窄，为防止肠梗阻，徐国英只能靠婴儿奶糕、稀粥等半流质食物维持生命,这一吃竟吃了 50 多年。发病、疼痛,苦痛难忍,然而徐国英却常豁达地说:"疼痛,不正代表着自己还活着吗?"被人们称为"半条命"的徐国英对生命的意义有着自己独特的认识:人的生命除了肉体生命,更有事业生命、精神生命。她追求事业的成功、精神的超越,以"半条命"做的事情比"两条命"还要多。工作第一,奉献不已,是徐国英高尚的人生观。

探索是徐国英精神的主题。在徐国英身上,充分体现出把握教育规律,紧扣时代发展,勇于实践、锐意进取的开拓意识与探索精神。中学少先队工作多年来一直被公认为少先队工作的"薄弱环节",然而徐国英在这个领域的探索一直没有停止过。早在 1985 年,她就在扬州中学开展了中小学衔接、团队衔接、青少年衔接的"三个衔接"和推迟离队的实验。她起草了《江苏省中学少先队思想教育大纲》《初中班队教育系列》等重要文件;她承担了国家级教改课题——全国初中政治课的改革,积极探索中学德育一体化,形成中学德育合力。担任扬州市专职少先队总辅导员后,针对初中少先队教育弊端,经过深入调研,她果断提出了"初中团队一体化"的命题,负责起草了《江苏省中学团队一体化建设实施方案》,并在江都等地进行积极的实践研究。接着,她又在十余所扬州市直属中学开展"初中少先队全员全程教育"的课题攻关,通过开展少年化的活动,推优入团,紧密团队组织教育衔接等方式,全面活跃中学少先队。经过十多年的不懈实践与探索,逐步形成了"强队建团、强团带队、团队共存、共同繁荣"的扬州市中学团队工作的新局面,扬州市中学被称为全国中学少先队的一面旗帜。进入新时代,徐国英带领她的工作室加快探索步伐,开展了"初中少先队工作和团队衔接机制的研究"全国重大课题研究,承接了"初中共青团、少先队团队衔接的研究""中学共青团活动指导大纲"等全国重点课题任务,继续谱写领跑全国中学少先队工作的壮丽篇章。

创新是徐国英精神的特征。在徐国英身上,充分体现出创新创优、追求卓越的工作品质。徐国英率领扬州的少先队辅导员率先建起了首批全国及省级少先队实验基地，拥有一批各级少先队教育科研课题，每年总有一大批少先队科研成果在省内和全国获奖；率先开展了中学少先队组织机制和教育机制改革的实验，在全市范围内实施了初中团队一体化，承担过全国中学少先队辅导员研修营暨中学少先队工作现场观摩会；率先开展了少先队体验教育，一大批优秀少先队活动被中央及各级媒体广为宣传，还承办了全国少先队德育工作暨"新世纪我能行"体验教育现场推进会、全国辅导员体验教育研修营、全国中学辅导员现场培训班；率先探索、普及了探究性活动的新型少先队活动样式，出版了《探究·体验·创新》，创新了少年儿童思想道德教育，促进了基础教育课程改革；率先进行了德育与心育相融合的教育，编写了以"体验性课程"为特色的"德育与心育相融合的活动课程"——"快乐成长"丛书，增强了少年儿童思想道德教育的实效性。徐国英不仅是道德模范，更是少先队教育专家，她多年不懈学习、不辍奋斗，用系统论等现代理论指导少先队工作，形成了中学少先队教育系统化的理论与实践体系。《中学少先队工作热点重点着力点100题》《新时代初中少先队工作指导手册》等著作的出版，凝聚着徐国英多年的心血。率先实践、勇于创新，徐国英付诸了全部心血的中学少先队工作已硕果累累，更丰富、发展着少先队理论和实践。

　　传承是徐国英精神的亮点。在徐国英身上，充分体现出热心提携新人、让事业光大的宽广情怀。"新松恨不高千尺"，徐国英倾注全部心血，热心扶持年轻辅导员和扬州市少工委一班人从开发人力资源，实现少先队工作的可持续发展，加强党的阶级基础，培养教育事业优秀后备人才的高度，推出了"辅导员素质优化工程"，以"德能复合，科学育人"为优化目标，构建了以品行系列、知识系列、技能系列和身心系列的辅导员素质体系。经过在职培训和等级考核，辅导员在学历提高、合格上岗、技能达标等方面取得了明显的效果。接着，他们又推出了"扬州市少先队名辅导员工程"，通过专题读书、实践锻炼、技能演练、课题研究，培养了一大批全国、省及市的优秀少先队辅导员、德才兼备的优秀教育人才。在实现"争当表率""争做示范""走在前列"建设新时代新江苏的伟大进程中,扬州少先队辅导员正书写着最壮丽的篇章。而徐国英率先主持开展的《少先队大队辅导员专业标准》的研究,则对全国少先队辅导员队伍专业化建设作出了开创性的积极贡献。

徐国英精神就是少先队辅导员精神的体现。徐国英精神既饱含忠诚、敬业、奉献、勤勉等辅导员的崇高美德,又具有进取、探究、开拓、创新的时代精神。徐国英既是充满挚爱、充满激情、充满执着的优秀少先队工作者,也是富于理性、善于研究、勇于创新的少先队教育专家。徐国英是新时代辅导员的典范,更是少先队辅导员学习的榜样。

点赞徐国英精神,学习徐国英榜样,做党的优秀少年儿童思想政治工作者,做好少年儿童的亲密朋友和指导者。

(原载吉林音像出版社图书《中学少先队教育系统化探索》,作者:华耀国)

曹魁珍：人要活得有滋味

在全国老少先队辅导员队伍中，吉林的曹魁珍是老大姐，也是大家喜爱的"老顽童"。她性格开朗，快人快语，有一颗不老的童心，跟她在一起，你一准放松心情，在欢声笑语中你会喜欢上这位老大姐。

2013年夏季，全国少工委组织各省的老少先队辅导员们，聚集在井冈山培训学习，我和曹魁珍是其中的成员。那天，老同志们开展了"身穿红军服，体验红军路"活动。大家穿上灰色红军服高兴得不得了，尤其是80多岁的曹魁珍，甩开双臂，迈开大步，"一二一"向前进！有人开玩笑叫她"老顽童"，她答应，有人叫她"小顽童"，她也答应。

走山路中途休息时，我和曹老师在一块大石头上坐下休息。我突然问她："曹老师！大家叫你'老顽童''小顽童'，你烦不烦呢？"只见曹魁珍老师拍了拍腿，整了整红军帽，说："哈哈！我烦什么！我在吉林的外号多得很，还怪得很……"于是，她给我讲了她的"外号故事"。

她的第一个外号叫"流氓头儿"，这让我大吃一惊！原来，在1973年，她到长春市青少年教育办公室担任副主任，日常接触的有一些不良青年。为了教育、影响他们走正路，她经常和这些不良青少年"混"在一起，所以人们开始叫她"流氓头儿"。结果，她用自己真诚的心感动和转化了一个又一个问题青少年，比如，诨号"二土匪"的宗宝齐、"气死爹"的张连忠。在做转化工作的同时，她还帮这些小青年解决家中实际问题，解决他们的工作问题等。

她的第二个外号叫"知心奶奶"，我觉得这个外号很亲切。原来，曹魁珍退休后担任了吉林省关工委副主任，非常热心各种公益活动，还不断在年轻辅导员中"收徒弟",为他们传道、授业、解惑。所以年轻辅导员都亲切地叫她"知心奶奶"。

她的第三个外号叫"小孩头儿",这让我莫名其妙。原来,作为新中国第一批师范学校毕业生,1949年曹魁珍被分配到长春市西四道街小学。没料到她担任的是全校纪律最差、成绩最差班的班主任。可她有股"不服输"的劲头,通过开动脑筋想办法,做家访,搞活动,她在孩子们中威信高了,再调皮的孩子也听她的,简直成了一个"孩子王",所以"小孩头儿"的外号就叫起来了。

我特别喜欢听曹魁珍老师讲她的故事,她说话幽默,心直口快,讲起故事来绘声绘色。在2010年第六次全国少代会期间,我和她都是代表,都住在京西宾馆。就在会议休息时,她又给我讲了一个令我啼笑皆非的故事。她说,有一天,来了两个收税的到她家,曹魁珍问他们为什么交税。收税的说:"你挂牌子了,到你家来的人特别多……"曹魁珍反问他们:"市委、市政府都挂牌,你们咋不收他们的税呢?"收税人生硬地说:"那是办公室。"此时曹老师告诉他们,我建立"少先队工作咨询处",这是家庭的、义务的,什么钱都不收,为大家服务的。这俩人愣了半天没言语,由冷脸变成了笑脸说:"老同志啊!我们无知!以后我们也来咨询可以吗?"

一次我与曹老师聊天,她突然向我提问说:"小春呀!你知道什么是'五老'吗?"我当然知道了,回答说:"老干部、老教师、老模范、老战士、老专家,这些老同志统称'五老'。"我回答对了,她也没点赞,反而讲起她是怎么发挥"五老"作用的故事。她说,少先队校外辅导员是一支重要的基础力量,其中的"五老"不可或缺,因为他们思想好,人格好,热情高。"五老"对下一代的教育工作很挂心,很热心,心甘情愿作奉献。她接着说,1990年她退休后就到教育厅关工委工作。于是,她号召每位退休的优秀教师带徒弟,一人带一个不算少,能带十个也不嫌多,各地掀起了名师带徒的热潮,一下子就突破了百名。在共青团吉林省委和吉林省教育厅大力支持下,参加的名师由百名发展到千名。从1992年春天开始,曹老师把老同志们组织起来，定期学习研究，交流经验，还搞了几次现场会，这支队伍的人数逐渐扩大到了万名。曹老师骄傲地说："我们的'百、千、万'活动像滚雪球一样越滚越大，效果也越来越显著。"

曹老师讲得津津有味，我听得特别入神，突然我问她："曹老师，你觉得人活一辈子怎么算好呢？"只见曹魁珍老师稍抬头，看了看远方，说："我觉得人活一世要活得有滋味，什么是滋味？把自己喜欢的东西吃到心里，融到血液中，变成一种精神和力量，用这种力量去完成你喜爱的事业。这是一种真正的生命享受，对我来说其乐无穷！"

我豁然明白：人要活得有滋味，就要像曹魁珍一样把一生献给自己"喜爱的事业"，最终获得高境界的"生命享受"！

（作者：张小春）

追忆和韩振东在一起的日子

早在1962年韩振东就被评为全国优秀少先队辅导员。1978年他调至中央团校,从事少先队工作的教学和研究,曾主编或参与编写过十几部关于少年儿童的书籍。他是我国少先队专业的第一批副教授。

我与韩振东是老朋友,我们相识于1979年第六次全国少先队工作会议期间。这是改革开放后召开的第一次全国少先队工作会议,非常重要,使我们受益匪浅。会上发了很多资料,比如,《为培养朝气蓬勃的四化建设预备队而奋斗》的工作报告、《中国少年先锋队工作条例(试行)》、团中央批转共青团常州市委关于《带领少先队开展"我们爱科学"活动的几点体会》《中央领导同志关于少年儿童工作的部分论述和题词》《革命少年儿童运动部分历史资料》《有关少年儿童工作基本数字》,等等。这些资料对我以后的少先队工作起到非常重要的指导作用。我和韩振东一起学习,一起交谈,他像老师一样,不厌其烦地回答我提出的各种问题。

1981年,团中央在昆明举办了第二届全国辅导员夏令营。他任总辅导员,我任第一中队辅导员。夏令营期间,他又给了我不少具体指导。夏令营结束后,他和我一起到河北,为辅导员们讲课,他的课讲得既生动活泼,又有理论深度,深受辅导员欢迎。他还抽空听了我讲的《少先队爱党爱国教育队会四十例》,并提出了一些建议,邀请我到中央团校为全国少年干部培训班讲讲《少先队活动题目从哪里来》,要求举100个例子。结果我讲课时,因时间关系只举了95个例子。1982年,我和韩振东又一起代表团中央到新疆参加了全疆辅导员夏令营,夏令营期间,他讲理论,我讲实践,我们合作得很好。

20世纪80年代,韩振东应邀到河北团校培训辅导员,为大家示范了一次即兴队会。那天临时调了石家庄市裕华东路小学少先队的一个中队，韩老师谁也不认识。他问孩子们想搞什么活动，愿搞什么主题，愿搞什么内容。孩子们七嘴八舌议论起来，十分热闹，意见不一，后来他让每个孩子把自己想的两个题目写在黑板上，一下子就有了100个题目。题目内容五花八门，千奇百怪。然后，韩振东让每个小队在100个题目中选出两个题目，这样4个小队选出了8个题目，最后由全中队队员对这8个题目举手表决，确定了一个题目。确定的是什么题目？大家猜都猜不着，竟是"爸爸的威力"。

队会题目确定了，韩振东请各小队分别准备，队员们可兴奋了，准备得热火朝天。15分钟后，队会严格按照程序进行。但基本上成了对父亲的控诉会。具体形式大都是根据真实故事创作的小品，内容多为自己考试考好了爸爸给予奖励，奖励下饭馆，奖励自己想要的东西，比如自行车，甚至是给钱，还在别人面前大肆夸奖；一旦考砸了，轻则大骂一顿，重则挨打，妈妈奶奶拼命拦着也不管用，威力可大了。队员们表演得十分投入，十分真实，有的甚至真哭了。队员们评价队会时说，队会开得真过瘾，出了口怨气，可惜父亲看不见。队会进行到辅导员讲话时，韩老师对我说："我考考你这个全国优秀辅导员，看你如何评价！"一下子把我推上了台，我想了想，讲了几个方面的内容。

我先肯定了队员们的当家做主，肯定了他们的生动表演，也支持他们把怨气出出来，因为这是调整父子父女关系的好方法。我告诉他们，以后有了不愉快的事就要说出来，或者找个地方喊几声，大声唱歌，或者踢足球、扔沙包，打篮球也行，千万别憋太久了，今天大家把真实的想法表现出来是值得表扬的。

接着我说，大家对你们父亲的意见有不少是合理的，我将与你们中队辅导员把大家的意见整理出来，以"少先队"的名义给家长们写一封信，把你们的意见转达给家长。然后我启发大家，父亲为什么这样对待你们，在这些做法背后的是"爱"，是父爱，是对孩子的事事关心，是恨铁不成钢。虽然方法也许是不当的，但孩子们也要体会父亲吃苦受累是为了让孩子成材，孩子不争气，他自然要不高兴。希望大家现在要体谅父亲，主动体会伟大的父爱。

接下来，我又启发孩子们：难道父亲的威力仅仅体现在拳头巴掌上吗？父亲对你们有没有正确的行为？父亲的艰辛、父亲对爷爷奶奶的孝心、父亲帮助邻里等。孩子们说有，我请几个队员作了发言，建议中队下次举行主题队会"爸爸的威力"之二，专拣爸爸在我的心中正面行为的方面来讲。孩子们同意后，我请大家回去好好收集这方面的材料，为下次队会做准备。

听了我的点评，韩振东给了高度评价，他说是个全国优秀辅导员的水平。这次的"即兴队会"，为河北省少先队自主教育作了一个非常好的示范，也为河北省"四环节"少先队活动经验奠定了基础。

1991年，韩振东赴沪参加了段镇少先队工作研讨会。回京后，他连夜赶写文章，不幸积劳成疾，永远离开了我们。为此，我专程赴京参加了韩振东教授的少先队追思会。韩振东是我国少先队理论学科的创始人之一，他为我国少先队事业作出了卓越的贡献。我永远不会忘记与他在一起的日子，永远学习他"把一切献给红旗一角"的精神！

在生命的最后时刻，韩振东留下了极为感人的一段话，他说："亲爱的同志们，虽然我十分热爱少先队工作，但留给我的时间却不多了。我决心坚持到底，做一个一辈子不离开红领巾事业的人。这样，当我死后，在我的遗体上盖上一面星星火炬队旗，骨灰盒上盖一条鲜艳的红领巾，此愿足矣！"

（作者：郭文邺）

王延风：我的三次归队

1961年我参加工作，在北京市阜成门外第一小学成为光荣的人民教师。第二年，校长分配我担任少先队大队辅导员。当时全国少先队正在开展榜样教育活动——学习刘文学。

1963年，许多小学实行"二部制"教学。在"二部制"家庭学习小组基础上，少先队组织开展了"小队之家"活动。通过少先队小干部促进中队辅导员工作，还真有效！

第一次归队：春来重上任

1978年六一国际儿童节，首都1.7万名少先队员在首都体育馆庆祝恢复"中国少年先锋队"。少先队的春天回来了！

第二年暑假开学前，校长找我谈话说，老师们提议，学校决定让我重返大队辅导员岗位。我深知，党的教育事业需要少先队，少先队需要有人做辅导员。但是，我真的难以舍弃已经入门的语文教学和颇具成就感的班主任工作。左思右想，我想出一个既服从学校工作分配，又可以继续语文教学的办法。我答应校领导干大队辅导员一年，带一个年轻人。就这样，我重任大队辅导员。结果，一年、两年、三年……我不愿再离开。这便是我第一次归队。

1979年10月13日，重新归队的我，想利用这个日子，让刚刚恢复了组织的队员们了解少先队，把学校少先队好传统展示给队员们看，就提出邀请学校的老少先队员来和队员们见面、联欢的想法。大队委员们对此都很欢迎。分别回家寻找1966年之前的毕业生，老教师们也提供了13年前的"老队员"联系线索，拟定了一份具有代表性的名单。那时候，北京很少家庭有电话，更别说手机了。只有逐个登门访问，向老队员讲清缘由，邀请返校，为此常要等到"老队员"们晚饭以后或星期天在家时。

活动当天，近20名"老队员"回到阔别多年的母校。在海军司令部体工队担任乒乓球教练的金克，小学时曾是大队长，红领巾乒乓球队主力；在《中国青年报》做编辑的苏敏，曾任中队长主管宣传；北京歌舞团的男中音李守平，曾任副大队长，是红领巾合唱团团长；机械部自动化研究所工业机器人工程师郭坚，小时候就喜爱科技……活动中，"老队员"们回忆起在少先队组织里成长的故事，说起印象深刻的队活动，讲到他们的"小队之家"，尤其是那些年学习刘文学的活动，他们都表示记忆犹新。

这次"老队员"返校，使我的光荣感猛然升腾。少先队辅导员工作的乐趣在哪里？在同队员一起舞蹈、游戏，还是一起郊外野炊时？在同队员一起举行活动，还是一起攀谈说笑时？都有，却又不尽然。这些不是根本乐趣所在。看着面前的编辑、教练、工程师、公安战士……仿佛当年那宣传委员、乒乓队长、小淘气……又回到我的身边。当年我弯腰躬身和他们说话，他们可爱的脸庞充满稚气。今天，我直身甚至抬头同他们谈笑，他们成熟、自信的面容，仍显露着当年的模样。这两组镜头的交织，使我感慨万千，更体会到少先队辅导员工作的乐趣，真切地体验到我是最幸福的人了！

1981年春节前夕，四川省甘孜藏族自治州道孚县发生6.9级强烈地震，北京市西城区少先队开展了"每人节约三分钱，支援灾区小伙伴"活动，共捐款3000多元，捐物若干。共青团西城区委决定派人前往灾区送款、慰问、采访，我荣幸地被选为代表，与共青团西城区委一位年轻同志共同完成这一使命。由我携带捐款现金，深知这笔捐款是全区4万少先队员的心意呀！

出门在外，随身携款，着实令我捏一把汗。为防不测，我夫人邓惠芬用布把现金缝在我的背心之内，左右各有一沓，贴着两肋。时值5月初春夏之交，穿有外衣，除非搜身，否则没人知道我贴身藏有现金。乘火车到成都，由共青团四川省委向相关州、县通报，而后我坐长途汽车，沿川藏公路经雅安、泸定，过甘孜向道孚进发。

川藏公路二郎山段，真是山高路险呀！一侧是仰望不见顶的陡壁，另一侧则是低头不见底的悬崖。盘山公路，路面两车宽，司机极熟路况，车速很快，下坡转弯时，听到轮胎蹭到东西的声音，令人心惊肉跳。突然，身子向后仰去，定神察看，我与同伴座椅的前螺丝脱落，车提速或是爬坡，我们两人就一齐向后仰。我们越不想引得别人注意，越适得其反。

晓行夜宿，客下客上。第二天清晨，车内坐进一彪形大汉，肤色黝黑，满头鬈发。中途停车休息。下车后，我迈步刚进厕所，突见那大汉拿着一把手枪正在蹲坑。我心中猛然一阵吃紧。往外退，不行！哪有进到厕所里看一眼就走的？于是，我强作镇定，哼唱起"洋装虽然穿在身，我心依然是中国心……"回到车后，我对同伴说了此情。他小声说："咱们千万小心！"不知过了几站，那大汉下车了。向同车人悄声打听才得知，带枪的人是县乡干部，并非歹人。不过我想，当地干部远途公务，须佩带枪支，仍表明这一带当时的确不是太平之地。不由得暗地摸摸两肋。

第三天傍晚，我终于到达目的地——道孚县。在道孚县城关小学举行的捐赠大会上，我代表北京市西城区4万名少先队员把捐款、捐物郑重地赠给灾区少先队员后，我那悬着的心，总算落了地。

这次奔赴甘孜，经过努力还得到另一收获：我校与道孚城关小学少先队结为"友谊大队"。为此，我作词，对方配藏族民歌风格曲谱，合作了《友谊校歌》。1983年"六一"节，两校异地、同时举行了大队会，队员同唱《友谊校歌》。我校少先队员还向北京市少先队员发出"首都队员与祖国各地小伙伴心连心"倡议。共青团北京市委号召全市少先队员积极响应倡议。

第二次归队：走进团市委

1987年10月，做了两年校长兼党支部书记的我，在述职中详尽作了"基本沿袭，适当调整；全面建设，推进特色"的工作汇报。述职后向局领导、督导员说了说心里话，诚挚地希望发挥我的特长——做好少先队工作，也道出了当时自己"身在曹营心在汉"的境况。

大约1987年底，共青团北京市委少年部部长马玉萍约我就专门设立"北京市少先队总辅导员"的计划征求意见。她谈到北京市少先队改革与发展的构想，谈到北京市少先队总辅导员的条件，希望我帮助推荐人选。回学校后，我对北京市少先队总辅导员的条件产生了兴趣：40—50岁之间、共产党员、具有多年专职少先队辅导员经验、具有行政工作经历、大学专科以上文化水平、身体健康、有志从事少先队工作至退休。一边按条件思寻合适人选，一边自己也在对号入座。"我的事业在少先队"——我内心产生了跃跃欲试的冲动。终于有一天，在推荐人选的同时，我也大胆地提出自荐。

1989年寒假，我辞去了校长、书记工作，调至共青团北京市委，任北京市少先队总辅导员。这便是我第二次归队。

担任北京市少先队总辅导员以后，参与了贯彻落实《北京市少先队组织建设规范化意见》的工作。

我知道，这是实施《北京市小学少先队教育纲要》的配套工作，是发挥少先队组织特有教育功能的重要组成部分，也是少先队工作向着科学化、制度化和正规化迈进不可缺少的一步。

在参与了多次全市少先队组织建设规范化互检，对基层队组织建设情况进行调查，对于少先队组织建设规范化的内容、要求、方法进行系统的研究，并且为全市各区县学校辅导员进行落实解读、培训的同时，我对北京市少先队组织建设规范化有了进一步思考，并将这些思考融入我编写的《"北京市少先队组织建设规范化指南"提纲》中。从此，"少先队组织建设"成为我特别关注的课题。

1995年，北京市少工委办公室主任、共青团北京市委少年部部长邓志荣委托我主持修订《北京市少先队组织建设规范化意见（草案）》。我发现，其实施6年来成果显著，大大改变了少先队日常组织管理工作中的随意性状况；缩小了城乡少先队组织建设的差距；推进了少先队工作正规化、科学化的进程，学校少先队组织建设规范化成为少先队的活力之源。

根据基层的经验，我进一步思考，反复征求相关同志意见后，在北京市少工委全委会上做了修改说明，得到委员们认可。北京市少工委正式出台了《北京市少先队组织建设规范化意见》。

修订《北京市少先队组织建设规范化意见（草案）》，促使我对少先队组织建设从宏观到微观更加系统与严密地审视，也给我提供了为全市少先队组织建设规范化作贡献的平台，更是我向基层少先队辅导员学习的机会。

回想调任北京市少先队总辅导员的工作，令我记忆犹新的还有全国少工委为西藏自治区举办少先队辅导员培训班，义务送课上门时，点名要我加入讲师组，任务是带班、授课、指导、示范。我不假思索欣然接受。

7月23日，我们一行飞往日光城——拉萨。

西藏，神秘美丽的地方。浓郁的藏传佛教文化、美丽的雪域高原风光，早已令我神往。从贡嘎飞机场到拉萨市区，小车开了一小时。目的地到了，我的高原反应也出现了，胸闷气短，上楼走到转弯处感到眩晕，步履蹒跚，就像酒喝高了似的。住宿在共青团西藏自治区团委对面的哈达旅馆，我与张先翱教授同居一室。当地的同志安排我们第二天上午睡觉来过渡并适应缺氧环境。

开班后，张教授主讲少先队理论课，我讲少先队实践课。我感到这是一次近距离向张教授学习的极好机会，必须珍惜。张教授上课，我随学员听讲；我备课时，必向张教授请教。

培训班讲授了少先队历史、少先队工作方法、优秀队活动评析、小干部培养、辅导员修养等课程，训练了少先队礼仪、中小队室内及场地游戏、少先队集体舞等基本技能，还组织了野炊、游戏节，和藏族辅导员一起歌舞。

为了展示首届培训班成果，我们建议在结业时举行"少先队检阅式"。共青团西藏自治区团委采纳了这个建议，并委托我帮助策划、组织并训练。这是西藏自治区少有的少先队大型活动，大家都为这个活动感到兴奋。西藏自治区领导同志兴致勃勃地参加了检阅式，为培训班学员颁发结业证书，观看孩子们的游戏，还和藏汉少先队员们跳起了集体舞。

第三次归队：退休专职人

2003年7月，我从北京市委所属希望工程捐助中心党总支部书记岗位上退休。当时我最想听的就是共青团北京市委关成华书记说的"还要发挥余热，继续为少先队力所能及地做些事"。因为退休后我可以全身心地做少先队的事。退休，意味着我第三次归队！

退休生活，充实而快乐，自由而忙碌。2003年，参加"北京地方志"共青团北京市委修志小组负责编修"北京青年组织志"中的"少先队篇"。2004年，我被全国"节约资源，保护环境，做保护地球小主人"活动组委会聘为"全国'李四光中队'活动总辅导员"，参与组织实施"全国'李四光中队在行动'启动仪式"，担任仪式现场总指挥。2005年，我参加第五次全国少代会筹备工作，担任中华世纪坛"祝福祖国，放飞希望"活动指挥；负责天安门广场"向国旗敬礼"活动撰稿、组织指挥；担任大会开幕式现场指挥。第五次全国少代会之后，我提议并策划、组织了"首届北京市少先队辅导员夏令营"。2006年，我参与北京市第五次少代会筹备工作，负责大会开幕、闭幕仪式策划和指挥；协助组织队员代表会期活动等。2007年，应团中央"新时代青少年体质健康促进中心"邀请，我负责"第二届中国青少年体质健康六一论坛展示区——庆六一阳光体育运动广场"的筹备和总指挥。

我退休那年年底，北京市少工委举行新世纪的首次少先队组织建设规范化互检，选派我担任其中一组组长。我发现基层存在一些具体问题，比如：中队"以班替队"情况严重；中队活动形式单调甚至形式化问题较为普遍；小队健全率低等。这些问题究其原因，是由于班主任兼中队辅导员，在理论与操作上认识不清，对少先队中队对班级发展的促进作用缺乏理解。

用班主任工作的方式从事中队辅导员工作，用管理教学班的方式对待少先队中队，都是不科学的。其结果是淡化甚至忽视了"少先队组织作用"，使得队组织的教育功能得不到发挥。所以，"以班替队"影响少先队发展！

我想，在未成年人思想道德建设、学校德育、班集体的发展中，充分发挥少先队组织的优势与作用，必须改变现存的"班主任式的中队辅导员"和"以班替队"现象。要在中队与教学班一体的情况下，建立起班、队和谐发展的长效机制，让中队活跃起来，有效地发挥中队组织的教育功能，促进班级的建设与发展。我认为，全队活跃基层的关键层级在于中队。

因此，我提出了以下解决方案：

第一，明确少先队辅导员包括中队辅导员的"专业路线"：从"少先队员亲密的朋友和指导者"角色定位出发，通过充分尊重和发展少先队组织自转、自我教育的独有特征，有效发挥少先队组织特有的教育功能，让基层组织活跃起来，实现在学校整体教育中使每一名少年儿童都能切身感受到少先队组织深刻影响的目标。

第二，提出了班主任兼中队辅导员"以队促班"的工作策略：在班级建设的过程中，充分利用中队组织的优势和作用，发挥中队功能，促进班级发展。

第三，梳理了班主任兼中队辅导员"角色定位"标准："亲密朋友"六"标准"：①知道少先队怎么回事——认识、热爱少先队；②有事和队员们商量——服务、尊重小主人；③与孩子们友好亲近——民主、友爱好作风；④对孩子一碗水端平——公道、公正办事情；⑤做人做事都是榜样——榜样、示范带头人；⑥会和孩子们一起玩——多才、多艺兴趣广。

合格"指导者"七"做到"：①清楚自己双重身份——二任同身，不居高临下；②脑里熟记队的章程——遵章工作，不个人意志；③懂得辅导，不是教导——辅助引导，不师道尊严；④主动掌握队的业务——行家里手，不茫然朦胧；⑤倾听尊重队员心声——一进一退，不包办代替；⑥善给队员出谋划策——从旁参谋，不命令指挥；⑦充分发挥组织功能——以队促班，不以班替队。

第四，强调了班队工作必须讲求的方法："一进一退"——把少先队中小队组织向前推进一步，中队辅导员向旁退一步；"一破一立"——破除少先队活动形式化、成人化倾向，创设自主、快乐、经常、多样的中小队活动格局。

我多么想把这些思考告诉中队辅导员们呀！多么想为"抓基层，抓落实"做些事情呀！

于是，凡有机会参加北京市区、县基层学校或前往全国各省、市、自治区为班主任及少先队辅导员培训授课，皆以此话题为主。同时，在吴凯教授的悉心指导下，我设计并主持实施了"发挥中队组织功能，有效地促进班级发展"少先队研究课题。发表论文《以队促班建集体　班队和谐共发展》（刊载《辅导员》2006年第四期），得到段镇教授的充分肯定，获中国少先队工作学会"十五"科研成果论文类一等奖。

当站在台上，接过由中央宣传部、共青团中央、教育部等十部委共同授予的"中国青少年社会教育'银杏奖'终身成就奖"奖牌时，我的脑海中浮现出许多面孔……我要由衷感谢在担任学校大队辅导员时我的校长、师友、伙伴，是你们的培养和支持，使我将少先队事业视为一生追求！

（原载北京少年儿童出版社图书《情系红领巾》，作者：王延风）

徐敏玲：我的少先队情怀

我从事少先队工作近 30 年，感受颇多。是少先队工作给了我青春和活力，是少先队工作给了我勇气和智慧。回望走过的历程，虽已退休多年，但仍是激情满怀。

我曾担任北京市朝阳区少工委办公室主任、朝阳区少先队总辅导员，在从事少先队工作的近 30 年里，亲身经历了全国、北京市以及朝阳区的多次重大活动，通过这些活动，也培养锻炼了一批批少先队辅导员和少先队小干部。在多年的少先队活动中，我与辅导员们在各级领导的关心支持下，率先创建了三位一体的工作网络、三级少先队工作的培训体系。在全国少先队工作体系中，创造了四个率先：

第一，率先开展了城乡少年手拉手活动，在贵州六盘水建立了一所希望小学。

第二，率先把"历奇为本"的理念进行了本土化的实践，将经历、体验、成长的理念运用到少先队工作中。

第三，率先与城市务工子女学校开展手拉手活动，并帮助学校成立少先队组织。

第四，率先在社区成立"社区少先队"组织，探讨学校、社会、家庭三结合的教育模式。

如今退休多年的我，每当夜深人静的时候，每当看到少先队员胸前的红领巾时，每当听到《我们是共产主义接班人》的歌声时，心情就会无比澎湃。那一幕幕亲身经历的少先队工作的美好时光，总会浮现在眼前。

锐意创新，打造品牌

在我主持朝阳区少先队工作期间，一直有一种理念，就是创新为本，全面发展。创新是生命，创新是发展，只有不断地创新，才能使少先队有新鲜的活力，有鲜活的生命力，才能打造出一个又一个少先队精品活动。我坚持不断创新，研发出一系列少先队创新教育活动，使少先队员在丰富多彩的教育活动中开阔眼界，增长知识，让朝阳区的红领巾更精彩：

"神六"飞天：当辅导员们看到神舟六号发射成功了，十分激动。我们仅用两天的时间，就开展了一场别开生面的少先队员庆"神六"的活动。北京市团结湖小学的1000多名少先队员创编了大型集体列队表演，再现了神舟六号载人飞船从发射升空到返回的历史时刻，场面十分壮观。在朝阳区开展的"我给'神六'航天员写封信"活动中，张启深同学写给航天员的信，在全区4万多封来信中被评为特等奖，这封信还与神舟六号载人飞船光荣地一起遨游太空。活动在北京影响很大，十几家新闻媒体都给予了报道。

心系奥运，微笑北京：2008年第29届夏季奥运会在北京召开，给少先队组织提供了一个极好的教育机会。当从广播中听到北京申奥成功的消息时，我立即就意识到少先队的机会来了，这是千载难逢的机遇呀！我们一定要抓住这个历史机遇，向全世界展示中国少先队的风采。首先，我们在朝阳区建立了2008个红领巾奥运会志愿服务小分队，在全区范围内掀起了"心系奥运"微笑活动。在奥体场馆周边的学校也积极地行动起来，他们创造了一系列有意义、有新意、特别受少先队员喜爱的活动。呼家楼中心小学少先队员创造的奥运扑克、奥运闯关棋，获得国际奥委会主席萨马兰奇先生的称赞；南沙滩小学的小记者深入奥运场馆建设工地，采访工地的建设者，让工人们特别地感动；朝阳区的少先队员在中秋佳节之际，为奥运工程建设者送去了队员们亲手制作的大月饼，感动了无数建设者。我们深深地体会到把奥运教育与少先队工作相结合，是少先队教育活动创造的新形式，更是一场深度的爱国主义教育。

手拉手活动：手拉手互助活动是一项少先队员广泛参与的实践教育活动。手拉手活动以独有的吸引力，引导少先队员走出自我、关心他人、走出家庭、面向社会。在小伙伴的充分交流互动活动中，我引导他们了解国情，认知社会，从小培养他们的爱国情感，帮助他们养成乐于助人，团结友爱的健全人格。当红领巾小记者深入到贵州六盘水摄影采风时，发现那里的学校很简陋，学生很贫困，我们就把小记者拍摄的照片在学校进行展出，并向全区少先队员发出节省零花钱，为贵州建希望小学的号召。仅十几天，全区少先队员就募捐了12万多元，北京市朝阳区教委又出资10万元，为贵州六盘水地区水城县建立了一所希望小学。当看到大山里的孩子们有了新教室，有了新书包，听到那朗朗的读书声时，我们都感到十分欣慰。因为我们奉献了小小的爱心，给贫困山区的儿童带来了幸福。实际上，这是在少先队员的心里播撒下爱的种子，净化了他们美好的心灵。北京市朝阳区三里屯第三小学还创造了土留学活动，被团中央评为全国手拉手少先队十佳活动第一名。

体验教育、快乐成长：体验教育是少先队组织开展社会实践活动的优良传统。通过体验教育组织和引导少年儿童在亲身的实践中，把做人做事的基本道理内化为健康的心理品格，是加强少年儿童思想道德教育针对性、实效性、主动性的有效方法，对促进少先队员的全面发展，勤奋学习、快乐生活有着十分重要的意义。我们十分注重在少先队活动中开展体验教育：2000年，在北京共青林场建立了小叶子自然村，为少先队组织提供了一个学习农耕、体验大自然、培训小干部的场所，深受少先队员的欢迎。对企业来说意味着更高的经济价值，对国家来说象征着国家实力，品牌对少先队来说同样具有巨大的价值。少先队品牌活动是少先队组织长期积累的无形资产，具有重要的教育功能，吸引着少先队员在少先队组织里健康成长。品牌活动同样吸引着社会上更多的集体和个人关心支持少先队，为少先队员的健康营造良好的外部环境。因此，少先队工作必须要有品牌活动。品牌会为少先队带来光彩和生命。

组织建设，和谐发展

少先队组织建设是少先队工作最重要的基础。少先队组织建设的作用是学校教育、家庭教育和社会教育不可代替的。加强少先队的组织建设，能充分发挥少先队员自主、自治、自强的能力，通过少先队组织，能让全体少先队员增强集体荣誉感，创造出生动活泼的少先队工作新局面。针对朝阳区面积大、学校多，基本建设发展不平衡的实际情况，我们坚持全面抓基层、全面抓落实的指导思想，深入到边远学校及人多的大校，积极做好检查、指导少先队的工作，以自检、互检、抽检这三种措施强化，狠抓少先队基层组织的建设，并先后总结出加强少先队组织建设的系列经验：把握少先队组织的属性是加强少先队基层组织建设的基本前提；履行少先队组织职能是加强少先队基层组织建设的出发点和落脚点；实现少先队根本任务是加强少先队基层组织建设的核心目的。两个群体是加强少先队基层组织建设工作目标，也是评价少先队组织建设的影响力的重要标志。2007年4月，我们在朝阳区垂杨柳学区建立了全国第一个社区少先队。

锻炼骨干，培养精英

少先队辅导员是少先队工作的主要力量，优化其群体的素质、培养优秀的少先队辅导员是繁荣少先队事业的根本保证。我们根据朝阳区辅导员队伍中存在的专业理想欠缺、专业素质欠缺的问题，专门制订了一系列的辅导员培训工程，通过邀请著名少先队工作专家系统授课，树立朝阳区辅导员的工作典型，推广他们的先进经验。同时带领骨干辅导员赴广州、深圳交流学习，使全区辅导员的精神面貌焕然一新。我们对表现突出的辅导员给予精心的指导和帮助，鼓励他们在工作实践中通过锻炼快速成长。

在多年的少先队辅导员工作中，在这个平凡的岗位上我辛勤地挥洒着汗水、传递着爱心，同时也收获了更多的快乐和希望。回忆那一幕幕难忘的少先队时光，回忆那一次次激动人心的创造，我深深地懂得：少先队工作的经历是我一生中最重要的财富！

（作者：徐敏玲）

刘权：把红领巾系在心上

2010年，第六次全国少代会的代表们住在北京市京西宾馆。我的房间里另一位代表迟迟未到，我很纳闷地问起大会服务人员，原来同屋住的是天津市的代表刘权，因为身体不适，不一定能来参会。就在即将开会的前一天晚上，刘权来了。这是我第一次与他见面，但对他的名字和事迹早有耳闻。因为这次同住一屋，所以有机会交流谈话，相互了解，从此，我对刘权的印象更深刻了，也更敬佩他，他确实是一个"把红领巾系在心上"的人！

不幸的是，2013年11月，刘权因病去世。我常常想起他把一生献给红领巾事业的故事，敬佩之情油然而生，并不由得拿起笔写下了对他的追忆……

刘权老师，中共党员，1939年出生。遇到天津的少先队辅导员问起刘权，无人不知。他是天津市津南区少工委副主任兼办公室主任。50多年的少先队工作中，他的名字一直和红领巾连在一起，和少先队辅导员连在一起。

一次，我从天津市一个优秀辅导员那里得知，刘权不但有搞少先队活动的本事，还是一个少先队文学艺术作品的创作者。他撰写的《育苗曲》《红花朵朵》儿童电视电影文学剧本，与人合作撰写出版的《队课讲话》《活动例选》《体验教育十法》《中国少先队文化要略》等著作，在天津市少先队领域中反响很大，影响很深。尤其是他创作的电视《红花朵朵》在少先队员中非常受欢迎。他与人合作撰写的《中国少先队文化要略》至今对辅导员创作少先队文艺作品发挥着指导作用。

会议期间的有一天晚上，我俩在房间聊天。我随口问他："你的文学写作和少先队方法是从哪儿学的？"他毫不犹豫地说是从实践中学来的。

他告诉我，他在当少先队员的时候就参与了很多实践活动，比如，组建成立"米丘林实验小队"收集矿物制作标本。他从小喜欢看电影，所以在少先队活动中他还搞过"土电影"。他越讲越激动，干脆站起来对我说："你知道吗？我童年最难忘的日子是在辽宁营口市。那里冬天很冷，我们在冰冻的河面上举办'小狗拉雪橇比赛'，举行大型的篝火晚会……"看得出，这些活动在刘权的心灵深处播下了热爱少先队的种子，他刻骨铭心地体会到了少先队组织是一个温馨可爱的家，这为他后来做少先队工作夯实了情感基础。

刘权意味深长地说："我担任了少先队辅导员之后，党团组织给我创造了许多学习的机会。"他多次参加天津市团校的培训，还到上海团校、中央团校、北师大脱产进修学习。更有幸的是，他参加了第二次全国少先队辅导员夏令营及各类培训、联欢、论坛等活动。这些难得的学习机会，为刘权少先队理论水平的提高注入了丰富的营养。

在追忆刘权少先队故事的同时，我也发现一种现象，反思出一个道理：老一辈优秀少先队辅导员都有过丰富的少先队经历，都有"把红领巾系在心上"的追求。

（作者：张小春）

郭文邺：一生做好一件事

晋朝人张华在《博物志》一书中说："削冰令圆，举以向日，以艾承其影，则得火。"这可是巧夺天工的发明创造。冰见了热会融化，但古人把它制成凸透镜，利用聚焦来取火，真是不可思议的创举。人的一生何尝不是凸透镜。大千世界，可做的事太多了。古往今来的成功人士，无不是像凸透镜一样聚焦了"一件事"，才得以最终成功。居里夫人一生致力于镭的研究；列文虎克喜欢磨镜子，一磨就是60年，最终发明了光学显微镜；麦哲伦用毕生完成了"地球是圆的"的科学论证；曹雪芹劳累一辈子，一本《红楼梦》写尽世态炎凉；张若虚的《春江花月夜》以孤篇盖绝全唐；徐悲鸿一生画马，齐白石专注画虾……一生做好一件事的案例不胜枚举。今天我要讲的是郭文邺老师，因为他也是一个"一生做好一件事"的成功者。

今生偏偏爱上它

俗话说"三岁看大，七岁看老"。一个人小时候养成的道德品质和行为习惯，会影响其一生。每当有人称赞郭文邺是"红领巾与白发一起飘扬的人"时，他总要补充一句："我小时候就是好队员！"

孩童时期的郭文邺，对胸前飘着红领巾的辅导员非常崇敬。1954年时，由于年龄不够，他没有成为队员。为此，他大哭了一场。1955年1月8日，是他人生中第一个难忘而激动的日子。那一天，他终于戴上了红领巾，成了全校个头和年龄都最小的少先队员。

1956年，郭文邺担任了少先队小队长。其间，他参加了共青团石家庄市委组织的红领巾合唱团，当时他所在学校只有两名队员入选。1957年，郭文邺又参加了共青团石家庄市委组织的首届红领巾夏令营。在夏令营里，他参与了朗诵组的活动。石家庄人民广播电台还把他朗诵的诗歌《和太阳比赛早起》录了音，在全市播放。从此，他在学校成了"小个子名人"，很多活动都邀请他参加。他知道，这都是少先队给他带来的荣誉，于是不知不觉在他内心深处对少先队埋下了一个"爱"字。

1958年，郭文邺考入河北石家庄市第二中学，并被选为中队学习委员。一次次的少先队活动在他思想深处打下深深的烙印。他先后参与了活报剧《炮轰杜勒斯》的演出等。后来，他又参加了课本剧《小英雄明生》、童话剧《智慧花》、六场话剧《地下少先队》、三场话剧《枪》的演出。1959年1月，在以高中生为主创的大型说唱节目《幸福年》中，特别邀请少先队员郭文邺担任剧中的重要角色。初中时参加的少先队活动，使郭文邺逐渐成熟起来。

每当人们问起郭文邺是怎样步入辅导员行列时，他总说是雷锋牵线搭的桥。1963年，雷锋的光辉事迹传遍全国。正上高一的郭文邺对雷锋当校外少先队辅导员的事迹格外感动和羡慕。由此，他产生了一个强烈的愿望：当个少先队辅导员多棒啊！就在这年暑假，郭文邺自告奋勇到重庆九龙坡铁路小学当上了校外少先队辅导员，实现了自己的梦想。那时，他庄重地给少先队员们讲述《红岩》的故事，耐心细致地教队员们打乒乓球，兴致勃勃地和队员们一起做游戏……全然陶醉于做辅导员工作的幸福之中。初次的尝试，使他与少先队结下了奇缘，没想到的是，这件事一干就是半个世纪……

痴心不改当票友

翻开郭文邺的工作简历，你会发现他更换了很多岗位。他曾先后担任中共石家庄市委科教工委大学处处长，市委科教纪工委书记，石家庄市教育委员会副主任兼市教委直属单位党委书记等职务。但是，这些职务在他人生历程中都是暂时的驿站，唯独少先队工作学会副会长的职务伴他一生，让他无怨无悔地坚守。

1985年，郭文邺从中共石家庄市委党校党政青年干部脱产专修班毕业，被调入石家庄市委宣传部工作。离开了辅导员工作第一线，深深的红领巾情结，使他离不开他所钟爱的红领巾事业，他主动担任了十所小学的校外少先队辅导员，继续活跃在少先队活动中。1985年前后，河北省少先队工作学会和石家庄市少先队工作学会相继成立。郭文邺被选为这两个学会的副会长，当时他激动万分，像小学生立保证一样表示：我决不辜负大家的信任，一定当一名称职的副会长。

　　那段时间，适逢全国轰轰烈烈开展"创造杯"竞赛活动，郭文邺把自己的业余时间全投入少先队工作，他深入学校第一线，参与辅导了石家庄的少先队"创造杯"活动。一次，谈村小学辅导员周老师告诉他电视剧《济公》播出后，一些男生学济公的样子成了风，他们经常围坐在一起念念有词。队委开会后准备下令禁止队员学济公，而他觉得济公是个乐善好施、处处救民的正面艺术形象，不让队员学习正面人物似乎不妥，但又拿不出好的办法。明白周老师纠结的心态后，郭老师脱口问了句："您说济公本事大还是共产党人本事大？真正救民于水火的是谁？"这句话让周老师顿开茅塞，恍然大悟。回去后就组织召开了新颖别致的主题队会——敢和济公比高低。队会上，队员们肯定了济公的本事，更赞颂了当代共产党人的英雄事迹，济公仅仅是个神话，共产党人才是实实在在为人民服务的大救星啊！由郭文邺亲自辅导的"创造杯""忘不了这片土地""小不点放映队""马克思喜欢你吗""当我们唱起国际歌的时候""敢和济公比高低""少年报打垮街头小报""时代呼唤白求恩精神"等几十个活动都在全国获奖。

　　1986年9月17日，《中国少年报》刊登了一整版石家庄市的少先队活动，还在编后的《小言论》中这样写道：在编队改选前，石家庄的全国好队长提出的改革建议非常好，值得推广。他们的建议是：一、队委会要由四种类型的队长组成。二、不搞"一贯制"，实行队长轮换制。三、开展"一分钟评论队长制"。这三条建议的产生凝聚着郭文邺的汗水和心血。当时，他一有空闲就到基层学校，到处宣传"让每颗星星都发光"的队委改革理念。当时评选好队长活动正如火如荼，石家庄成绩斐然，130 名好队长脱颖而出，其中刘玉玲、姚剑锋的事迹在《中国少年报》刊登后，在全国产生了良好的影响。

几十年如一日，郭老师的家就是一个少先队工作咨询站，甚至是研讨重要队工作的会议室。晚上，他家里常有辅导员登门求教。郭老师对他们总是热心指导从不厌烦，并把这看成他了解基层情况的好机会。郭老师到过多少地方为辅导员上过课，他自己也记不清了。他每年到各地讲课不下 10 次，最多的一年，竟达 45 次。

每次参与少先队工作时，郭文邺总开玩笑说："我现在是少先队的票友啊！"何为票友？票友是戏剧界的行话，指会唱戏而不以演戏为职业的戏迷。票友有两大特点：一是比非专业的水平更高；二是经常登台从来不为钱演出。由此可见，郭文邺不在其职却陶醉于少先队，此乃地地道道的票友。

夕阳依旧不褪色

2002 年，郭文邺离开了石家庄市教委副主任的工作岗位，但他一点儿没有失落感，因为他被聘为河北省少先队总辅导员，此时此刻他工作的热情和心情又掀起了一个新高峰。仅仅一年时间，他成功而有效地构思并完成了六件大事：策划实施了河北省第四次少代会上所有的活动；推出了一个加强河北省少先队辅导员队伍建设的"325 培训工程"；创造性地开展了喜迎中共十六大的"队礼行动""童心向小康"活动；举办了"三个代表与少先队""与时俱进学雷锋"研讨会。对这六件大事，郭文邺在一次畅谈会上平静而坦诚地说了一段心里话："我担任河北省少先队总辅导员，其实是摘掉了'票友'帽，走上了名正言顺道。'325 培训工程'算是我的见面礼，为少先队辅导员队伍建设的长足发展作了个战略性规划。河北省少代会的队会观摩、论坛、检阅等活动，是少先队总辅导员义不容辞的工作。至于'队礼行动''童心向小康'两个活动令我自豪，它们体现了少先队的特点。两个具有创造性的研讨会，对促进少先队辅导员的理论研究与探索能起一定作用，让我兴奋。正是因为有了少先队，我才活得很充实。我要自豪地说，这个总辅导员不白当一回！"

之后，郭文郉协助共青团河北省委、河北省少工委组织了全省性的"家乡文化大搜索""红领巾心向党""争当四好少年"等活动，指导开展了"高举队旗跟党走""童心爱祖国 童心爱科学""为着理想勇敢前进"等观摩研讨活动，他参与指导的"四环节"少先队工作法，在河北省和全国进行过观摩。他到河北省各地讲课100余场，培训辅导员上万人次。他参与策划了"辅导员沙龙""少先队选修课"等活动，还为辅导员评定职称试点做了大量工作。

除此之外，郭文郉退休后承担了一项"特别的爱献给特别的少先队员"的工作。在他受聘河北省少先队总辅导员同时，还担任了石家庄市少年儿童保护教育中心（简称少保中心）副主任的工作。少保中心是石家庄市委、市政府创立的专门保护教育流浪儿童和监护人无法履行职责的未成年子女的机构。没有任何参照模式，一切从零开始，郭文郉堪称是少保中心的开拓创业者。10多年里，共保护弱势儿童700余名，创立了保护此类儿童的石家庄模式，受到社会各界的高度评价。

郭文郉巧妙地用少先队理念管理这群特殊的孩子，却奇迹般地收到非常好的效果。他在少保中心建立了少先队大队，成功组织了"向党说说心里话""看看社会主义新农村""踏着烈士的鲜血前进""法制公园学法制""学习雷锋好榜样"等一系列少先队活动，还组织服刑人员子女开展了"亲情呼唤促新生"活动，使一批特别的孩子改掉陋习，成长起来，有的考上了大学，有的当了武警战士，有的走上了工作岗位，还有的正式出版了自己撰写的书……那些服刑人员见到自己的孩子不但没被歧视，而且能受到良好教育，非常感恩政府的关怀，转变了思想，努力改造，有90%的服刑家长获得了减刑。

写到此处，我想用"最美不过夕阳红"的歌词赞颂郭老师，还是感觉不够，不禁想起叶剑英的七律《八十抒怀》，借用其中"老夫喜作黄昏颂，满目青山夕照明"一句，颂扬郭文郉人老精神不老，烈士暮年，壮心不已。

感恩不忘党培养

为纪念郭文郉从事少先队工作50周年,河北省少工委、石家庄市少工委联合为他编辑出版了一本《幸福的红领巾人生》纪念画册。画册共分为13个方面:把一切献给红领巾、在党的关怀下成长、金色的红领巾童年、无怨无悔做辅导员、称职的学会副会长、负责的省总辅导员、特别的爱献给特别的少先队员、友谊撒向各国儿童、光荣属于党团组织、科技路上不断探索、为队员为教育服务、众手浇开幸福花朵、难忘的红领巾人生。

在这本画册里,有郭老师珍藏多年的5张与中央首长合影的照片。在这5张珍藏多年的照片上方,写着"永远不忘党的恩情",由此可见,郭老师对党的热爱和感恩是发自内心的最真挚的情感。半个多世纪以来,在党的阳光沐浴下,郭文郉从少年走向青年,由成年步入老年。回顾成长的历程,处处展现了党的关怀与帮助。每当郭文郉把这本画册送人的时候,总要指指点点主动介绍,同时他也在享受回忆那些难忘的幸福时刻。画册里有郭文郉参加全国重要会议时的合影,也有他参加部分中小型活动时受到党和国家及省市领导人接见时的照片。郭文郉总会指着画册感慨地对人讲:"每张照片中都浸透着党的关怀和同志们的帮助啊!"

在党团组织的教导下,郭文郉努力工作,一枚枚奖章、一张张证书、一座座奖杯记录着郭文郉同志成长的道路,体现着荣誉和光荣。面对在工作中取得的荣誉称号和证书、奖杯时,他总是说:"光荣永远属于伟大的党,荣誉永远属于朝气蓬勃的共青团。"

看到郭文郉那样虔诚的感恩态度,我在想,感恩究竟是什么?我从词典里查到:感恩是一种处世哲学,是生活中的大智慧。英国作家萨克雷说:"生活就是一面镜子,你笑,它也笑;你哭,它也哭。"你感恩生活,生活将赐予你灿烂的阳光;你不感恩,只知一味地怨天尤人,最终可能一无所有。我似乎明白了:郭文郉老师之所以能执着地坚持"一生做好一件事"而且很成功,是因为他拥有阳光般正能量的感恩心态。

　　让我们踏着阳光雨露,心存感恩,永远向着梦想,向着成功之路前进吧!

　　　　　(原载 2013 年 7~8 月《辅导员》,作者:张小春)

张小春的红领巾人生

这是一位老者讲述50年红领巾故事的时刻；
这是一个别开生面的几代辅导员"晒光荣"的现场；
这是一次充满温暖和感动的心灵访谈——

2016年2月25日，在石家庄市东风西路小学里出现了200多位戴着红领巾的客人。他们中有从北京赶来的"知心姐姐"卢勤、《辅导员》杂志总编辑李沧海，有河北省历届全国优秀少先队辅导员代表，还有许多与少先队结缘的各界人士。他们聚集于此为的是一个人——张小春，还有一件事——张小春从事少先队工作50周年友情访谈会。

访谈会在亲切与温暖中开始并持续着。"50年""枉凝眉""三个转折""爱队员""多才多艺""交朋友"，这6个关键词引出了张小春50年中的一个个鲜为人知的红领巾故事。

50年坚守，他痴情追逐

"知心姐姐"卢勤对张小春的评价是："您用不一样的腿，走出了不一样的人生，创造了不一样的人生辉煌……"的确，张小春早年丧母，青年丧父，中年丧妻，还身有残疾，好像一切不幸都让他赶上了。但自1966年2月，19岁的他当上小学教师后，笑容就总是挂在他的脸上。用他的话说："因为从此'嫁给'了少先队。"一个身体残疾的人，结缘朝气蓬勃的少先队事业，经历了生活中的众多不幸，却始终能得到孩子们和年轻人的拥戴。他到底是怎么做到的呢？

从担任大队辅导员，到创建雷锋小学；从晋升副校长，到走进教育局，张小春经历了"三个转折"，一路上坎坎坷坷，却是一步一个脚印。他用炽热的心、勤奋的行和不辍的笔，策划活动、带动实践、著书立说、潜心探究，度过了50年不蹉跎的岁月。河北省及石家庄市少工委曾两次为他召开个人辅导艺术研讨会。他撰写的教育专著50余本先后出版。在残疾的身体与蓬勃的工作产生的碰撞中，他的生命持续地迸发出灿烂的火花。对此，张小春填了一首词《枉凝眉》，来表达自己的心情：

> 一个是残缺牵挂
> 一个是蓬勃生涯
> 若说有机缘
> 两者确实反差大
> 若说没机缘
> 人与事业好融洽
> 虽是征途坎坷
> 却也遇难不怕
> 朝着星星火炬
> 痴情追逐不下
> 试想洒落了多少汗水泪花
> 方浇开生命之四季
> 春秋冬夏

50年创新，他从不"OUT"

"多才多艺"这个关键词，在访谈会上引起了大家的热议。因为张小春的博学颇有名气。他不仅研究少先队的史、论、法，而且在哲学、教育学、心理学等方面也有较深的造诣。他策划的少先队活动"外号引起的命名会""巧用压岁钱""盼统一"等，就运用了辩证法。他创作的《牢记核心价值观》《红领巾队礼之歌》《手拉手夏令营之歌》等20余首歌曲，深受队员们的喜爱且广为传唱。他在业余时间还创作了不少小歌剧、小小说、书画摄影等艺术作品。辅导员们都称赞他是"杂家""全才"。

更令辅导员们至今仍满怀感激的是：1998年张小春就大力倡导辅导员们学电脑。正是他一次次地激励，让一批批辅导员熟练地掌握了电脑技能，轻松地与互联网亲密接触，在工作学习，乃至职称评定中都受益匪浅。

在辅导员们的眼中，张小春是个从不"OUT"的"时髦"老人。年近七旬，如今依然活跃在辅导员网站，为大家答疑解惑，忙得不亦乐乎。他还每年乐此不疲地为"辅导员论坛"过生日，带领辅导员们开展富有创意的线上线下活动，引发更多人对少先队的关注。因此，网友们亲切称他为"老网虫"。近年来，张小春又当上了导演，自编、自导了五集校园系列电视剧，将雷锋小学的"身边小雷锋"故事搬上荧幕。正是这些与一般同龄人不符的行为，让张小春在星星火炬旗帜下与时俱进地前行，并得到了几代人的喜爱。

50年感恩，他奉献回报

向几位白发苍苍的老人献上鲜花和感言，张小春在访谈会上的这一举动，让人们对他有了更多的了解。原来这几位老人都是曾在工作中帮助过他的老领导、老同事。比如，邵兰荣局长就曾力排异议，调张小春到桥东区教育局任教育科长主抓全区中小学德育和少先队工作。之后，才创出"小虎子文明行动""特色学校建设""重点课题项目研究"等一系列富有石家庄特色的教育成果。

张小春常说："朋友多了路好走。"他把帮助并引领他进步的人都当作"贵人"，认为是红领巾赐予了他与一个个"贵人"相识的机缘，也才使他有了不一样的人生。

河北省少工委副主任郭文邺就是他的"贵人"之一。而说到张小春，郭文邺由衷地说："张小春用生命和激情演绎着少先队的事业，用真情和责任换来了一代又一代少年儿童的健康成长……他坚守50年红色情怀就是告诉青年辅导员们，少先队事业是朝阳的事业，是值得所有辅导员献身的事业，不仅需要刻苦钻研、大胆创新，还要精通十八般武艺，善抓机遇，做热爱少先队事业的执着追梦人！"

50 年期待，他"人梯"相伴

"……此时此刻，我突发想象，能让我早些看到'后浪'滚滚而来，把我'拍在沙滩上'，让我可以坐在那里或躺在那里，分享徒弟们的成功和喜悦，自豪地欣赏他们的风采……"这是张小春在新作《红缘》后记里的一段话。他对年轻人的成长有着那么多的渴望和期待，源自他内心深处的"人梯"情怀。多年来，他不仅通过一次次地与辅导员们共同创新系列主题活动；一回回地帮助他们逐步厘清工作理念和各自的特色，还带领他们撰写反思、论文，并在《辅导员》杂志上连载，大力扶持年轻辅导员的发展。如今，他又把自己的工作笔录——《红缘》，当成铺路和加油的工具呈上，助推一代代的年轻人"长风破浪会有时，直挂云帆济沧海"！

（原载 2016 年《辅导员》，作者：杜玉波）

真学雷锋的高健民

我和吉林的高健民多次在全国少先队会议上见面，并且有一次还住在一个房间，虽然不是挚友，也算是老辅导员中比较熟悉和亲近的同志。

初次见他，我觉得他是个身材魁梧的行伍之人。他说自己确实当过兵，是个军医，转业后却潜心投入少先队事业中，并且痴迷到不顾一切的地步。他用自己的钱资助贫困孩子，还组织动员社会上的志愿者，一起做"希望工程"。

2013年，高健民举办他"从事少先队工作50周年"纪念活动时，邀我写贺信。我知道他不仅是吉林少先队工作专家，还是用行动践行雷锋精神的模范。我挥毫书写了一首"高健民东北真雷锋"七律藏头诗：

高风亮节竹精神，健美重在塑精神。
民族托起民族志，东方升腾东方春。
北京追寻少先队，真情喜戴红领巾。
雷公扶危更助学，锋芒不减当年军。

他收到我的诗书后，来电表示非常感动。万万没想到，第二年的10月他突发心脏病撒手人寰……

据媒体报道，高健民在吉林大学医院住院期间，病房里摆满了水果和鲜花，有很多社会上关心他的人来探望。病床前，来自东北师大附小净月实验学校的两个队员把伙伴们画的画儿送给了高爷爷，说："爷爷，我们祝您早日康复，这都是我们自己画的，画儿里那个助人为乐的爷爷就是您。我们希望长大以后也能够成为高爷爷这样的人。"看到孩子们精心准备的礼物，高健民欣慰地笑了。

高健民把对少先队事业的忠诚，对少年儿童的关心、爱护做到了极致。他担任过吉林、辽宁、河北、湖北、湖南、河南、贵州7省40余所学校的志愿辅导员。2003年，他被共青团中央、教育部、全国少工委评为第三届全国十佳少先队志愿辅导员。2005年6月，他还出席了中国少年先锋队第五次代表大会，受到党和国家领导人的亲切接见。

我见过他的名片，是一张直抒胸臆的特殊名片。"只要心脏跳动一分钟，就要为少先队的事业战斗六十秒！"这是印在高健民名片后面的一句话，也是他自愿践行的无悔誓言。高健民去世后，人们在悼念他的时候，都默默地说："他用生命见证和践行了他名片上的誓言。"

（作者：张小春）

左丽华：永远的红领巾情结

左丽华，与共和国同龄，与少先队同岁。1969 年迄今，她先后担任少先队辅导员、教研员，获得上海市青浦区学科带头人、上海市优秀少先队辅导员、全国优秀少先队辅导员、上海市少先队名师、"上海市星星火炬奖"、全国少先队工作突出贡献证书、首届"上善人物"等荣誉。2005 年，她创立了培养骨干中队辅导员的工作室；2017 年，她领衔全国少先队名师工作室。红领巾情结，陪伴她几十年如一日从事着深爱的少先队工作。

退休之前：锐意改革，实践创新

担任少先队辅导员和教研员的 40 年间，左丽华老师始终把少先队工作放在改革开放的大背景下审视，融入学校的教育教学改革之中进行思考与探索。

从探索"双轨制"到系统研究社区少先队。早在 20 世纪 80 年代末，左丽华看到农村少先队面临着种种新挑战，她从一名农村完小辅导员余金辉在自然村建小队的实践中，萌生了"双轨制"中队建设新思路。在调研后她着手建立了"少先队组织体制改革课题组"，在 13 所中小学进行试验，带领成员前往青浦区南湾小学进行实地观摩和研讨。组织成员学习建队育人的理论与他人的经验，先后 30 多次前往南湾小学，与余金辉老师一起研讨。少先队"双轨制"研究，使学校教育突破围墙延伸到社会和家庭，实行了条块结合，使少先队组织社区化，少先队教育社区化；改变了部分队员原先"在校像样，回家变样"的现象。这一课题研究成果《少先队"双轨制"的实践研究》获得上海市少先队论文评选一等奖。1991 年 1 月，上海市少工委在青浦召开推广少先队"双轨制"大会,将少先队"双轨制"的经验在全市予以推广,该研究成果先后获得"上海市少先队工作突出贡献奖"及"建队50年上海市少先队工作首创奖"。

这项研究左丽华坚持了8年,她前往乡镇机关、村委会,深入边远农村,进行乡镇少工委模式的实践与探索,1992年建立了上海市第一个乡镇少工委——华新镇少工委。她潜心编写《社区少先队教育》一书,系统地总结了社区少先队的组织、辅导、管理的经验。少先队专家段镇为《社区少先队教育》撰写序言,将这个探索成果称为"第一本写社区少先队的书",是"一项具有开拓性、独创性的工作"。青浦社区少先队研究成为社区少先队的源头,并被写入《上海少先队发展史》。

研究"课队结合"的少先队活动规律。左丽华仔细研究一期、二期课改的课程标准,并将之与雏鹰争章活动进行了比照研究,发现两者相互贯通、相互融合、相互补充。于是,她着眼于素质教育的目标,着手"课改"与"队改"结合,研究雏鹰争章与课改的基础型课程的优化整合,研究少先队实践活动与研究性学习的结合。

她带领课题组研究并构建一"课"一"章"的辅导机制,研究课队结合的争章活动的辅导、优化小学生学习评价的手段、课队一体的活动管理等,筛选总结了一些经验,编写了《素质教育新视角——争章活动与基础型课程的优化结合》成果集,获得青浦区一等奖、上海市三等奖,并由此带动了全县所有学校的争章活动。

她团结一批志同道合的校长、分管教导主任及大队辅导员,建立课题组,共同学习国内外先进的教育理论,指导少先队员开展综合实践活动。她发现少先队的小队机制与二期课改研究性学习小组几乎是"同宗同族",于是,她借助少先队小队优化组建机制,研究出探究小队优化组建的形式,比如,"招兵买马式""群马奔腾式""原班人马式""单枪匹马式"等,使研究性学习的开展有了较好的组织基础。

课题组从金泽小学"桥文化"、商榻小学"阿婆茶文化"的研究开始,逐渐创生与发展。她带领大家编写专著《研究性学习新视点——少先队组织在新课程实施中》，系统论述了课队结合的研究性学习原则、探究项目的开发与选题、探究方法过程与成果的辅导、探究活动自上而下与自下而上相结合的管理及评价等，积累了大量鲜活案例。该书体现了少先队教育思想的创新，为少先队组织教育的理论创新提供了宝贵经验，获得全国少先队理论书籍评选一等奖。左丽华精选了部分少先队探究活动，编写剧本拍摄的电视专题片《我们的Discovery》，获得全国校园电视专题片评选金奖。

探究幼小衔接的争章活动模式。早在1994年上海市全面启动雏鹰奖章之时，左丽华就设计了"苗苗先修章"系列奖章，并在青浦区推进，组织观摩和研讨、案例征集与交流，深受基层学校中队辅导员的欢迎。

为了研究雏鹰奖章活动在"幼小衔接"过程中的作用，她带领骨干中队辅导员，关注小学一年级新生"从家庭、幼儿园到学校的角色变化对儿童心理的影响"。她带领工作室成员将经验和活动方案汇编成《规矩与方圆——小学一年级新生入学教育指导》一书，还设计了配套课件并制作成电子光盘，成为全区小学一年级中队辅导员的工作用书，受到校长们的欢迎，在"幼小衔接"过程中发挥出少先队组织的独特功能。

首创中队辅导员工作室。2005年，左丽华向青浦区教育局申报获批，建立了骨干班主任（辅导员）工作室。她虚心请教同事、专家，并结合个人长期从事少先队工作的经验，从成员现状与事业需求出发，确定了工作室运行思路并制订了行动方案。工作室以"合作、创新、发展"为工作理念，将理论学习、实务能力与实务技术作为研修内容，采取个人与团队结合、实践与反思结合的研修方式和学、研、做结合的行动策略，有效地调动了全体成员的学习积极性，使不少年轻的中队辅导员在团队合作的氛围中，在专家的引领下迅速成长，脱颖而出。

为了促进青年辅导员及时总结成长经验，左丽华老师支持崭露头角者以个人名义出书，编辑了工作室"行动——成长"系列丛书（共5本）。她带领学员开展"相约星期五"沙龙、举办论坛、案例交流、

"五星班（队）集体"互访与评估等，有效促进学员专业化能力的提高。她主持的骨干班主任（辅导员）专业研修工作室在3年间，学员专业素养得到提高，有十多人被评为区、市级"十佳"少先队辅导员及全国优秀少先队辅导员。

退休以后：老骥伏枥，再作奉献

2009年6月退休前夕，上海市少先队工作学会、青浦区少工委举办了"少先队工作者的使命——左丽华从事少先队工作40年座谈会"。"不忘初心，牢记使命"成为退休以后左丽华的座右铭。

提升民办农民工子女学校辅导员专业能力。2010年3月，左丽华被青浦教育局返聘为民办农民工子女学校教研室德育、少先队教研员。面对全区23所民办农民工子女小学班主任（辅导员）中没有一个人参加过培训的现状，她精心设计培训策略与方法，想方设法尽快提高民办农民工子女小学大、中队辅导员的少先队技能技巧。

培训时，她采用学员角色扮演和实践体验、案例式培训、学以致用、集中学与自学相结合、培训与观摩相结合等方法，进行少先队辅导员应知应会、技能技巧的培训。让每个学员在角色扮演中学习和体验，既增强了培训的可操作性，又使学员能更好地理解培训内容；采用案例式培训方法，尽量贴近学员实际；为了尽可能提高学员的学习效率，又避免工学矛盾，左丽华为学员提供学习辅导资料，要求集中学习和个人自学相结合。

她深入学校调查农民工随迁子女的行为习惯，蹲点原育才民办小学指导好习惯养成教育，根据调查统计的问题设计了学习、卫生、礼仪、纪律"好习惯"系列奖章，以及"中队集体荣誉章"。她总结出"一枚奖章三堂课，训练考核四部曲"的操作方法，并在青浦区23所民办农民工子女小学推广。

左丽华手把手地指导试点学校大队辅导员李凯军撰写经验总结。他撰写的《创新活动载体　注入激励机制　培养良好习惯——农民工子女小学习惯养成教育对策与实践》等论文先后发表于《青浦教育》和

《辅导员》杂志。她指导大队辅导员高辉撰写的《夯实基础　建队育人——民办农民工子女小学少先队工作的实践与探索》获全国一等奖。这些原本少先队工作薄弱的学校由此涌现出一批优秀少先队辅导员。

领衔全国少先队名师工作室。2017年9月，左丽华全国少先队名师工作室正式启动，18名学员分别来自上海市各区的中小学，以及教育学院、青少年活动中心。她与导师乌绮霞、郑润州一起确立了工作室理念"合作·创新·发展"；共同确立工作室研修目标"出人、出书、出局面"；致力于培养一批担当专业引领作用、在全市乃至全国有一定知名度、具备少先队系列高级教师资格的名优辅导员。她在2005年领衔的骨干中队辅导员工作室的基础上，设计了工作室《专业研修手册》，指导工作室学员每人制订"个人成长计划"，通过交流与探讨，使大家对自身和同伴的优势与劣势、强项与弱项及其形成原因等都有比较清晰的认识。个人成长计划的制订有助于每个学员在两年研修期间比较准确地把握自主专业发展的目标定位，并有效地将工作室的培养目标转化为个人的研修目标，为自身专业发展的成功奠定了基础。

大力倡导团队自主研修。左丽华"经营"工作室有智慧，有办法，也时尚，善于运用现代管理的理念，运用少先队组织机制，尽量调动学员的积极性，发挥团队合作的力量。她发动学员设计标识创建工作室文化符号，既时尚又有寓意，以此增强工作室凝聚力和向心力。她倡导"优化组建"，成立了"微文坊"小队、"活动策划"小队、"考勤内务"小队、"资料分享"小队。各小队制订职责，各司其职，在"能者为师"的研修氛围下，学员以己之长主动承担相关技能的传授，比如，学员陈茵、吴昌利为伙伴培训"调查星"、微信公众号运营的技能等，使工作室学员人人学会了微信公众号的编辑。工作室组织"访学"活动，发挥学员在本校的专业引领作用，增强学员的学校之间的互访互学、共同提高；创建"一校一品"，发挥辐射引领作用，每位学员运用群体智慧，创建一个体现本校特点的少先队品牌活动，先后涌现了"气象园里诞生的红领巾小社团""国粹入校园　京韵润童心""现代小公民楼：小社会大课堂"等。为了迎接2019年的上海市少代会，工作室接到任务编写"迎接少代会，学当小主人"少先队系列队课。左丽华在工作室内部进行任务驱动式的自主招标，优化组建专题研修小队，成立了由周慧兰、朱莉敏、黄蓓莉、储春霞、项志茵等学员组成的编写组。一个星期学员就拿出活动方案，在2018年10月19日上海市少工委举办的"上海少先队辅导员带头人工作室中期汇报暨'迎接少代会，用好一课时'少先队活动观摩"中，《少先队的盛会——少代会》《自己代表自己选》《表达心声写提案》《民主投票选队干》系列队课闪亮登场，获得好评。

蹲点基地校指导创建"动感中队"。徐泾小学是左丽华工作室的基地校，左丽华以敏锐的眼光和多年积累的经验，带领徐泾小学大、中队辅导员梳理创建思路，归纳提炼了"动感中队1＋4"操作法，形成了具有海派特色的"动感中队"创建模式：把"红领巾小主人"作为创建"动感中队"的核心——第一个"1"，而"4"即"红领巾小百灵""红领巾小书虫""红领巾小健将""红领巾小创客"四个创建项目。左丽华和工作室主持人助理、徐泾小学高健华校长一起，又总结创建了"动感中队1＋4"模式的操作流程：从自主申报、项目开始、阶段性评价，体现自动化、个性化、激励化。2018年4月3日，左丽华全国少先队名师工作室在基地学校徐泾小学报告厅举行了"创建'动感中队1＋4'现场展示活动"。孩子们的动态展示生动活泼、丰富多彩，为与会者诠释了"动感中队"创建过程中的精彩与欢乐；静态汇报内容翔实、条理清楚，令与会者受益匪浅，感悟多多。上海市总辅导员赵国强以"创建思路好、交流发言好、展示形式好"对本次活动高度赞扬，肯定了"1＋4"创建"动感中队"的思路是切实可行、可以被普遍借鉴，也可以普遍推广的。

提升学员少先队科研意识与能力。学做少先队课题研究是工作室重要的研修内容，左丽华组织学员聆听导师乌绮霞、郑润州的专题讲座，学习少先队课题研究的基本方法；深入学校现场讨论选题，面对面进行课题申报指导，组织学员前往静安区一中心小学聆听全国少先队重点课题的开题报告，现场感受少先队科研兴队；组织学员交流自己设计的课题，集体讨论支招。还与乌绮霞老师一起先后深入宋庆龄学校、凉城三小等学校指导课题选题与设计。工作室学员承担的《关于学校少工委建设的实践研究——以上海市嘉定区少工委为例》《优化志愿服务活动机制，提升队员自主能力的实践研究》的全国少先队重点课题，和市级课题《依托移动终端应用平台探索少先队活动新形式的实践研究》都顺利结题。

志愿辅导青松"红领巾之家"。左丽华退休后，运用自己40年的少先队工作经验和研究成果服务自己居住小区的中小学生，利用自己的专长组织小区中小学生开展丰富多彩的假期活动，让他们在假期群体活动中分享快乐，克服孤独感，不依赖手机，乐于交往，增长知识，培养能力。2008年暑假，左丽华创建了小区"红领巾之家"。退休后她仍自愿担任"红领巾之家"的志愿辅导员，依托社区党支部和居委会的支持，运用少先队组织活动机制，指导假期少先队活动。每年暑假培训队干部，进行"小队优化组建"，建立"小队自主管理""评选优秀队员、队长"等制度。着手建立了"学校·社区联席会议制度""辖区内企业服务于中小学生假期活动的后援制度"等。"红领巾之家"每年暑假组织本小区的中小学少先队员开展丰富多彩的假期活动，比如，"喜迎十九大"立体书制作、中华童谣"我的中国梦"、仰望星空"创意返回舱"制作等，参与队员5000多人次。小木屋农家菜馆购买了全套小厨师服装，大厨师教小厨师做蔬果拼盘、包馄饨、做蛋糕等，深受孩子们喜欢。队员们在"红领巾之家"的群体活动中实践体验，分享快乐，增长知识，培养能力。使"红领巾之家"成为青松社区中小学生健康成长的快乐天地。左丽华的电脑里，有十几年来记录孩子们成长的影像资料。从照片和视频里，可以看到许多队员从小学一年级一直到八九年级的照片，她看着孩子们从幼稚走向成熟，走向青春；许多队员升入初中、考入高中和大学，有的已经走上工作岗位。在2018年暑假举办的"青松'红领巾之家'十周年庆"活动中，她接过队员们献的鲜花时，笑容里定格并升华了一种幸福感！

　　"红领巾之家"成为党团队的品牌项目。"红领巾之家"先后获得 2013 年夏阳社区（街道）"党员责任区"先进单位、青浦区 2014 年未成年人暑期实践活动优秀项目、2016 夏阳街道基层党建特色项目、夏阳街道团支部品牌活动等十多个奖项。上海电视台、青浦电视台先后十多次报道过青松"红领巾之家"的活动。左丽华本人获得"感动夏阳的十大人物""优秀党员""优秀志愿者团队"负责人等荣誉。2017 年 8 月 18 日上午，共青团上海市青浦区委、青浦区少工委举行"2017 年青浦区推进少先队改革工作座谈会——社区少先队专场"观摩活动，左丽华介绍了青松"红领巾之家"的建制、管理和成果。青松"红领巾之家"于 2018 年 12 月，被团中央少年部选定为 12 家全国社区少先队工作的试点之一，是上海唯一的一个。左丽华不忘初心，牢记使命，鹤发童心，心系红领巾，这份挥之不去的情结将伴随她的一生……

（原载 2019 年 3 期《少先队研究》）

洪雨露的"玩"教育

"金色的阳光照耀我们兴趣王国的城堡,未来的明星在这里升起,向阳啊向阳,我们成长的土地。金色的阳光照耀我们充满快乐的校园,明天的希望就在这里升起,向阳啊向阳,我们快乐的记忆……"

这是上海市向阳小学的校歌,这个学校的校长是我的同行好友,叫洪雨露。有两次全国少代会召开时,我与洪雨露校长同住一屋。他的满头白发十分显眼,在少代会上,他简直是一个"让红领巾和白发一起飘扬"的形象大使。

在他身上让我感兴趣并不断思考的东西有三件。第一件,他的名字"雨露",我马上意识到他天生是一位好老师——用雨露滋润着禾苗;第二件,他的校名"向阳",我立刻感到他的学生们一定很阳光,很快乐;第三件,他的教育理念"快乐",他曾送我一本他的著作《玩的教育》,在这本书里充满了学生的"开心快乐"和老师的"雨露阳光"。著名少先队专家段镇在《玩的教育》序言中说:此书倡导玩,研究玩,是对儿童教育理论与少先队学科化建设的突破性创新,首创了一种儿童教育儿童化、儿童教育人性化和儿童教育科学化的"玩育"思想。

"玩",对儿童来说,就像空气、阳光和水一样。儿童时代的快乐是与"玩"相伴的,儿童时代的成长是与"玩"相随的。洪雨露认为,正确认识儿童的"玩",是我们了解儿童的基础。在儿童的"玩"上,我们要有科学的理念、辩证的思想。我崇尚洪雨露"玩"的教育,我十分羡慕向阳小学的孩子们,他们享受着"玩"的开心,成长在"阳光雨露"的幸福校园。难怪向阳小学有个绰号——快乐老家。

石家庄市有一位少先队总辅导员调任学校校长,她来请教我怎样当个好校长。我就把洪雨露如何从一个优秀少先队辅导员成为一个有思想、有创新的优秀校长的事迹讲给她。她非常感兴趣,在网上搜集学习了洪雨露的事迹并购买了洪雨露的著作。一次,她要到上海开会,我把洪雨露的电话告诉她,让她拜访洪雨露,向他取经学习。从上海回来,这位新任校长激动地向我讲述了她的所见所感,她说:"向阳小学到处体现洪雨露校长'玩'的办学理念。"

在向阳小学,最夺眼球的是五幅很别致、很生动的壁画。这些壁画从形式到内容充满洪雨露校长"玩"的教育思想,同时也体现着全校师生充分享受着"玩"的实践和"玩"的快乐。

第一幅:"玩"唱歌。全校师生人人爱唱歌,个个会唱歌。那歌声优美欢乐,犹如阳光洒满校园,好似雨露滋润心田。学校规定了制度,全校每个班级每天要唱10分钟的歌并且鼓励师生唱歌、学歌,还要写歌。学校红领巾广播站设有"音乐专栏",周一、周二,教唱新歌;周三,欣赏歌曲;周四,队员汇报表演;周五,点歌台开始自由点歌,送去祝福。

第二幅:"玩"游戏。做游戏是儿童的天性,也是向阳小学的教育特色。早在20世纪80年代向阳小学就开始了"玩"游戏的活动。每年还坚持举办"向阳游戏节"的传统活动。2001年,借鉴动画片《我为歌狂》,学校毅然推出了"我为游戏狂"的征集活动。几天后,就收到来自各个中队的游戏方案共200多个。游戏节那天,校长和全校师生一起尽情"玩"游戏,整个校园呈现出疯狂快乐的游戏大世界。

第三幅:"玩"运动。洪雨露坚信"体育成绩是第一成绩"。他说,校园里没有歌声、喊声、笑声,就没有生气勃勃,就不像一个校园了。所以,学校规定课间10分钟,学生可以叫喊,可以奔跑。学生可以在篮球场上踢"三人制"的足球,各班都要建立小足球队,每年要举行足球对抗赛、友谊赛等活动。在校长建议下,学校还开展了各种"阳光体育运动""亲子体育大世界""小小奥运会"等"玩"运动的特色活动。

第四幅:"玩"创造。从2003年开始,学校每年举办"向阳科技节"。科技节形式多样，内容丰富，比如，"迎接科学春天""废旧玩具总动员""到月球去春游"。活动时，队员们动手动脑，展开想象，学习创作。2007年，我国的嫦娥一号卫星发射成功，学校科技节开展了有趣的模拟登月、新奇的航天科技等活动，一下子把队员们的航天兴趣激发起来，涌现了一批"航天小明星""上天去揽月""我爱祖国蓝天"等科技迷小社团。

第五幅："玩"学习。洪雨露校长大胆提出"轻负担，高质量，有特色"的兴趣学习原则，使那种枯燥无味、机械死板的学习变得活泼起来，队员们对学习有了兴趣，主动参与。比如，下雪了，语文老师带领学生到室外上课；考试了，学生不用试卷，老师不监考，摆起了擂台，孩子们自主结伴，一起测量操场。这种考试形式，让历来紧张的考试心态变得轻松了。考试前一星期布置试题，要求学生自主思考、独立完成，当天当场可以互相交流，取长补短。洪雨露说，这种学习和考试的理念，来自少先队的自主教育，学生自主了，就主动了，就开心了，让他们真正体验到学习知识的快乐。

洪雨露是全国优秀少先队辅导员、全国中小学德育工作标兵、上海市特级校长、上海市特级教师、上海市劳动模范。担任上海市向阳小学兼向阳育才小学校长，兼任上海市少先队工作学会副会长和上海市名校长培训基地主持人、上海市德育骨干教师实训基地主持人。他撰写出版了许多少先队著作和学校教育著作，是一个融少先队工作和学校管理工作为一体的楷模。

（作者：张小春）

华耀国：感动的乐章

和华耀国老师接触较多的人，都有一种感觉：他是个很容易被感动的人，也是个很容易感动别人的人。似乎，他和他所从事的少先队工作之间，一直存在着一条神奇的纽带。由此而来的岁月和故事，让看到或读到这一切的人们也不禁会从内心翻起感动的波澜。

一

生长在六朝古都南京的华耀国，和少先队的缘分却是在大运河畔的苏中平原结下的。20世纪70年代初，当他以一个农村民办学校教师的身份，第一次走进天真烂漫的孩子们中间的时候，他和少先队之间那种持续至今的彼此的感动就开始了。

关于那段年轻时候的故事，华耀国并不常提起。只有一回，当他以江苏少先队总辅导员的身份又一次踏上他事业起步的那片沃土时，在住处的房间里，他和一位刚刚接触少先队工作的年轻同志聊天，打开了话匣子，讲了很多很多。他讲了他曾经工作的那个村庄、那个学校；讲了他如何带领孩子们因简陋就地开展少先队活动；讲了他和学生们一起跋涉十几里只为看一场女排比赛的电视转播，并在深夜回家的路上同声高唱快乐的歌曲，还把孩子们一个个背过冬寒刺骨的小河……当然，他也讲了他个人的经历，讲了他与在同县插队的爱人的相识和结合，讲了他被公社推荐上大学的种种曲折，讲了在逆境中为他仗义执言的乡亲，讲了在最需要的时候给予他关心支持的领导……

可能是大运河的涛声勾起了他往日的回忆，而那一晚的回忆确实是一次关于他的清晰解读，如果要探究那感动的源泉，那么发生在大运河边的故事对于读懂华耀国是必要的。那些零散的故事中，记录着他从一名普通民办学校教师成长为第一次全国少代会代表、全国优秀少先队辅导员的成长历程。为什么直到今天，他在互联网上还使用着"大运河"这样一个网名？为什么在十多年的插队生涯后，在返回南京做了一名杂志编辑的情况下，他还毛遂自荐到共青团南京市委担任少先队总辅导员？因为他的青春在大运河驻足，他的事业从少先队起步。那里留下了太多令他感动的人和事，而这一切一旦与星星火炬的美好融合到一起，就注定如那奔流不息的运河水，承载着他的心愿和理想，写出他事业的美丽华章。

一部好的文学作品，需要作者丰富的生活和长期的酝酿。同样，一个人事业的辉煌，也需要一点点艰辛的积累。在那现已显得遥远的岁月里，华耀国就是这样坚守着农村少先队辅导员的岗位，坚守着红领巾的感动和执着，紧密结合实际，创造性地开展了多种多样的少先队活动。功夫不负有心人，他的努力终获报偿，他所辅导的农村少先队活动不断获奖，他本人也于1984年作为农村少先队辅导员的优秀代表，被共青团中央、教育部联合表彰为首届"全国优秀少先队辅导员"，他的名字被写进了由胡锦涛同志代表团中央所做的第一次全国少代会的工作报告中。

普通的农村，平凡的岗位，但对华耀国来说，它们的意义是重要而深远的。因为他由此登上了他毕生事业的第一个高峰。

二

1986年，华耀国告别了他扎根十多年的苏中农村，被江苏省教委调回南京，在《江苏教育》杂志社担任了一名编辑。在之后的6年时光里，他已历练成为一名优秀编辑，在全国教育报刊优秀文章评选中十多次获奖。

如果命运就这么延续下去，少先队在他的心中或许只是一段美好的记忆。然而，也许个人的执着真的可以感动命运。1991年底，一条关于共青团南京市委公开招募少先队总辅导员的消息传到华耀国的耳中。顿时,他内心那浓浓的少先队情结再一次被触动,红领巾的感动驱使着他递出了他一生中最重要的一份申请。他终于如愿了,他的人生轨迹再次和少先队结合到了一起。从那一刻起,他和少先队之间那相互感动着的脚步便一直延续下来。

在共青团南京市委的那几年,华耀国面对崭新的人生舞台,把自己多年的基层经验和新的岗位要求紧密结合在一起,勤思考,重实践,每一个脚步都走得坚实而稳定。在1992年邓小平南方谈话精神的鼓舞下,南京市一举进入全国综合实力第五名,"科教兴市"成为城市发展战略。但通过调研,华耀国发现,南京虽然是个文化、教育大市,高校和科研机构众多,但科技意识、科技活动在少先队工作中却很薄弱。于是,他深入学校,逐一指导,于1993年春天创建起第一批"少年科学院"。此后,中小学科技讲师团、少先队科技活动基地等新举措、新阵地不断涌现。"少年科学院"很快成为南京少先队的一大品牌。团十三大召开后,他敏锐地把握团十三大修改颁布新团章这一契机,以推荐优秀少先队员作团的发展对象为突破口,在南京市中学少先队组织中实施推广了一整套"推优入团"的成功做法,引起全国团队组织的关注。团中央为此在南京专门召开全国"推荐优秀少先队员作团的发展对象工作座谈会"。其后,华耀国参加了团中央《关于做好推荐中学优秀少先队员作团的发展对象工作的意见》和团中央、全国少工委《推荐优秀少先队员作团的发展对象工作细则》等一系列文件的起草,为全国中学少先队工作的发展作出了贡献。

1996年,已过不惑之年的华耀国又走上了江苏省少先队总辅导员的工作岗位。这时候的他已是具有全国影响的资深辅导员了,作为江苏省少工委负责人之一,他的工作履历和江苏少先队的辉煌相互映衬。1997年,江苏省少工委首倡"少先队教育现代化";1998年,江苏少先队推动"初中团队一体化"试点;2001年,全国少先队德育工作暨"新世纪我能行"体验教育现场推进会在江苏召开;2004年,"做了不起的新一代江苏人"系列教育活动充分地体现出孩子们自主体验的效能……而所有这一切,无不凝聚着华耀国的辛勤努力。如果罗列他的工作成绩，可以开出长长的一个单子。不过他让人印象最深的，还是那活跃在工作中的身影。他依然是那么容易被感动，也依然是那么容易感动人。

感动，在孩子们中间流露。和孩子们在一起，华耀国自己就是一个可爱而具有威信的大孩子。几十上百个孩子参与的大型活动，他往队伍前面一站，洪亮而亲切的嗓音一响起，孩子们叽叽喳喳的声音顿时都没了，代之以专注地向他聚焦的天真目光。年轻的辅导员们不免交换一个眼色："华老师，神了！"

感动，在少先队活动中飞扬。只要是参加少先队活动，华耀国无疑是全场最容易找到的人。这不仅因为他高大的身材引人注目，而且因为在他的胸前，总是飘扬着一条鲜艳的红领巾。红领巾和他似乎永远是一体的，那么自然又那么醒目。活动开始前，他的眼睛总是看似不经意地巡视着全场，时不时提示出一处最不起眼的细节。而一旦活动开始，他又会静静地坐在一角，认真地看，认真地听。每一个步骤、每一个情节都有可能触发他的思考，感染他的心情。辅导员们最希望听到的评价就是他说："我被感动了！"久而久之，同事们总说："一个活动是否成功，就看华老师是否被感动。"

感动，在和辅导员相处的时光中。和辅导员交流，是最令华耀国开心的事。那时的他总是洋溢着男子汉少有的细致和耐心。和基层辅导员的交流可以令他忘了吃饭，忘了睡觉，可以改变他事先定好的行程。即使是一个很小的问题，他也可以把来龙去脉认认真真地讲上十几分钟，直至确认你完全领会了他的意思。每和新辅导员交流一次，他的电话本中就会添上一条新的联系方式。见面没谈尽的，电话里接着谈，网上接着谈；一次没谈尽的，两次三次地继续谈。辅导员的个人发展，他主动去关心；辅导员的工作困难，他帮助去解决；辅导员的工作环境，他热心去呼吁。辅导员们只要看到他，脸上洋溢着的是真正见着亲人的感觉。一个活动取得圆满成功，激动的辅导员会情不自禁地和他拥抱祝贺。

确实，他的感动在于他的热爱，他的关注，他的真诚和他的忘情。

他爱孩子，他爱少先队辅导员，他爱自己从事的少先队工作。因为这种爱没有刻意也没有掩饰，所以每一个真情流露的瞬间，人们都会因这位沉浸在感动中的人而感动。

三

时光如梭，进入21世纪，华耀国已是年过半百的人了。令人赞叹的是，他的事业生命似乎完全摆脱了岁月的步调，行进得是那么充实而自如。他的感动似乎是一种永远不会消减和枯竭的力量。

他的感动里含着勤奋。身处少先队总辅导员的位置，他对工作的关注从不局限在对具体活动的指导上。国家和江苏的经济社会发展大势怎么样？中央最近的政策精神是什么？团中央、全国少工委领导对少先队工作有哪些思考？社会关注的未成年人教育热点问题有哪些？少先队工作有什么好的切入点和突破口？所有这些，他仔细地阅读品味，认真地思考归纳，随时去问他，他都会如数家珍般一一道来。他的勤奋影响着周围的同志，也因此渗透进江苏省少工委的工作风格之中。很多全国和江苏省大规模的活动，江苏少先队给人的印象总是主题吃得透，角度把得准，动作来得快，参与覆盖面也非常广，其中无不包含华耀国所作出的贡献。仅2004年，中共江苏省委负责同志就连续两次参加江苏省少工委主办的大型少先队活动并给予高度赞扬。他热情地称华耀国为"辅导员的楷模"，号召团队工作干部和辅导员向他学习。

他的感动跃动着创新。几十年少先队工作积累的经验和地位，在华耀国身上没染上一分保守的痕迹。浓郁少先队社团文化氛围、成立红领巾电视台俱乐部、建立少年科学院总院、开展"小五个一工程"……每一项新的活动、新的合作，他都像年轻人一样充满热情地去做。南京地行仙汽车俱乐部是一个网友自发组织的自驾车旅行社团，他偶然发现他们有志愿参与爱心公益活动的记录，便主动联系，把他们紧紧拉入少先队工作中来。"心手相连抗非典""心手相连抗洪涝"、面向外来工子弟开展义务辅导、成立"少先队志愿辅导员总队"……一个个活动打造出一支全新的志愿者队伍。2004年10月,江苏电视台少儿频道开播,半年的时间里,他熟悉了频道所有的记者、主持人和工作人员。当你仔细琢磨频道的自办栏目时,会发现几乎每一条内容背后都有江苏省少工委的影子。同志们都说,和华老师一起交流和工作,没有的是框框,有的是内心的撞击和共鸣。

他的感动洋溢着惊奇。面对信息时代的巨大变化,华耀国坚决不落伍。江苏少先队网站覆盖全国,为了掌握这一便捷高效的信息平台,他从最基本的上网操作学起,学上网发帖,学课件制作,学图片传输……他可以担任网上论坛的版主,直接在网上回答少先队辅导员们的各种问题;他可以熟练地使用数码相机、数码摄像机,把一个个精彩的活动瞬间传送到网络上。同志们赞扬他真正是活到老,学到老,是身边终身学习、做学习型少先队工作者的楷模。

他的感动同样流淌着淡泊。华耀国总是对工作考虑得多而又多,对自己考虑得少而又少。单位住房改善的机会,他一让再让,宁愿守在狭小的旧房里。女儿考学深造,直到领导和同志们过问,他才羞涩地吐露难处。每年暑期,他风尘仆仆地奔波于各地辅导员培训班的现场,部门里的同志为他计算一下,一个月在家待不到一个星期。他自己说,这样他才觉得充实,觉得坦荡。

面对华耀国的人生,很容易,又很不容易给他写下一份完整的评语。任何一份评语,似乎都写不尽这个人。他似乎天生不是让人去总结的,而是让人去感动的。在关于他的每一份感动中,每一个不同的人都会悟到一些东西。华耀国和少先队,一个人和一个组织,一个人的有限生命和一项事业的无限生机,究竟是什么让他们互相感动,彼此精彩?真正的答案也许不在文字中,而在于用心去了解他、品味他,和着那种激昂的旋律去体验,去实践。

因为,那始终是感动的乐章。

(原载2005年7~8月《辅导员》,作者:谭忠)

卢刚：不忘初心，传承红色基因

"有一种颜色，飘扬在心中永不褪色，那是红领巾的颜色；有一份光荣，想起就会激动不已，那是与红领巾同行的光荣；有一种真情，藏在心中永不改变，那是对红领巾的真挚情怀……"这是"全国少先队名师工作室"之一江苏省镇江市"卢刚辅导员工作室"的成员们共同的经历和追求。

2013年5月26日，带着对红领巾的热爱、对少年儿童的关爱、对辅导员的挚爱，卢刚老师成立了"卢刚辅导员工作室"。之后，"卢刚辅导员工作室"（以下简称"工作室"）成员，情为红领巾所动，心为红领巾所牵，不忘少先队辅导员的情怀，不忘少先队工作者的初心。

缘起：我爱红领巾

"工作室"的领衔人卢刚老师，虽已年逾古稀，但他那如孩子般的笑容极富感染力。卢老师热爱红领巾，因为那炽热的红色，令他懂得了活着的意义和价值，成了他生命的重要内容，时刻激励着他做一个大写的人。每一次听到少先队鼓号奏响，看到鲜艳的队旗飘扬，参与到少先队活动之中……卢老师都会为红领巾——他一生的挚爱，激动、自豪。

早在半个世纪前，卢老师参与排演了8场大型儿童话剧《儿童团》。队员们投入的表情、开心的笑容，令他心中满是感动。从此，他一心扑在红领巾事业中，着迷地探索辅导员工作的特殊方法和魅力。他践行"全童入队"的工作方针、探索"少先队开放式教育"方法、组织各类创新活动……使其所在学校的少先队工作走在了镇江市乃至江苏省的前列。他本人也被评为"全国优秀少先队辅导员"。

2004年，卢老师正式退休了。情系少先队的他继续担任镇江市少先队名誉总辅导员，并立志让白发和红领巾一起飘扬。他带领辅导员先后承办了全国、江苏省、镇江市少先队辅导员培训班的现场观摩会，展示了镇江市少先队"科研＋特色"的文化底蕴，给来自全国各地的同行们留下了深刻的印象。

建队60周年之际，他被团中央和全国少工委授予了"全国少先队突出贡献奖"。手捧证书和奖杯，卢老师动情地说："当辅导员就要当一辈子，而不是一阵子。到我们这个年纪，最欣慰的，是看着一个个年轻的辅导员逐渐走向成熟；最高兴的，是看着一群群可爱的少先队员在星星火炬的指引下健康成长。"

传承：我们一起干

卢老师在实践中深刻地体验到：个人的力量是有限的，只有培养起一代一代的传承者，星星火炬才会永放光芒，更多少年儿童才能在少先队组织中锻炼成长。于是，"卢刚辅导员工作室"成立了，并发挥着传帮带的作用。卢老师带领一批同样热爱少先队事业的年轻辅导员，共同学习少先队工作理论，积极实践探究。"为了红领巾，我们一起干！"这句朴实的话语是工作室成员冲锋的号角，也造就了这个团结奋发的集体。

2012年9月，少先队活动作为国家必修课进入了学校基础教育课程表。怎样有效落实少先队活动课、如何在实践中培养少年儿童良好的思想意识，成了学校少先队工作首先要解决的问题。

卢老师带领工作室成员认真学习了《少先队活动课程指导纲要(试行)》后，一致认为：少先队活动课程应根据不同年龄段的儿童特点和当地实际情况来开设。内容要贴近队员生活，主题要鲜明而灵动，形式要含有时代信息和动感元素，要有意义且有意思。秉承这样的理念，工作室以微队会为抓手，进行了大胆的探索，创造性地开展了少先队活动课程的研究。

2014年，在卢老师的指导和工作室的协助下，润州区少工委承办了一次镇江市微队会展示活动，"飘扬的队旗，我们爱你""队歌伴我成长""我骄傲，我是光荣的红领巾""学习亚夫精神，践行呼号誓言""童心在队礼中闪光"五个"红领巾相约中国梦"少先队基础知识教育微队会，让来自镇江所辖市区的辅导员代表深受启发，更是搭建了一个镇江市辅导员学习、交流、思考的新平台。

在工作室的带动下，"我们是共产主义接班人"主题教育活动、"我是向上向善好队员——科学创造，引领成长"主题队日活动、"家校协同，培育未来"专题培训、少先队活动课案例说课展示等示范性活动的开展，使更多辅导员明确了科学辅导的实施路径，工作热情更加高涨。

探索：科研促发展

"科研兴队"是少先队事业发展的生命线。在工作室里，总结实践经验、进行科研探索的氛围越来越浓厚，并逐步形成了一种"镇江现象"——

卢刚老师参与了《中国少先队工作大全》《辅导员工作纲要实施指南》《少先队工作实用读本》等少先队专业书籍的撰稿工作，并把自己积累的经验毫无保留地传递给了同行。工作室成员张悦老师参与了《江苏省少先队活动计划书》的起草，黄宏姣、黄春华两位老师参与了《江苏省少先队活动课辅导用书》的撰写，陈萍老师参加了《江苏省少先队活动工作读本》的编写工作……他们都将工作中的收获化作一行行跳动的字符，传递给了广大少先队辅导员。

工作室基于润州区少先队工作的平台，设计了金字塔少先队课题研究群，以润州区少工委申报的中国少先队工作学会"十二五"课题"培养少年儿童对党和社会主义祖国朴素感情的内容和有效方式研究"作为顶层设计，下设了8个子课题，致力于探索在少年儿童成长的最初阶段培养对党和社会主义祖国朴素感情的有效方法，开发出了四类少先队活动课程，总结出了少先队活动中需把握的四个辅导环节，还探索出了与之相关的五种工作路径和三种机制。

工作室以少先队活动课程建设为载体,推广使用润州区活动课程《葵花朵朵向阳开》娃娃党校教材;开发编写了校本活动课程,比如,镇江实验学校的《童心·童谣》爱党读本,孔家巷小学的《经典诵读品古韵》读本、南徐小学的《快乐大本营之"走进军营篇"》教材等,形成了"一队一特色,一校一教材"的校本爱党教育特色,丰富了爱党教育活动的核心内容,有效揭示了培养朴素感情的5种主要方法,即"童谣+N"法、"争章+积分"法、网格导行法、微课研讨法、游戏创编法。

工作室成员坚持到各基层学校指导少先队科研工作,并将科研成果有效地转化为少先队工作的科学指导和示范性经验,有力地推动了镇江少先队活动的创新发展,也让镇江少先队科研走在江苏省的前列,也培养了张悦、夏莉、黄宏姣、黄春华、王娟、方雪花等一大批优秀辅导员。

在工作室承担的课题中,已有10多个省级以上课题结题,"在少先队社区活动中培养辅导员的公关能力""挖掘京剧艺术中的红色元素,培养队员对党的朴素感情"等课题分别获得全国教科研特等奖、江苏省教科研成果一等奖,其研究成果也在当地学校广泛推广。

收获:汗水伴成长

辛勤的耕耘,挥洒的汗水,让工作室的荣誉墙上挂满了奖状。其中,最闪亮的是2013年获得的"江苏省少先队辅导员风采展示"活动团体一等奖。

2013年冬,润州区的6位辅导员代表镇江市参加了江苏省辅导员风采展示,其中有4位是工作室的骨干。从比赛前的培训,到比赛中的辅助,工作室的其他成员都不遗余力地给予他们专业支持。比赛时,辅导员们以轻松的快板、感人的微情景剧、唯美的民族舞,让评委和观众真切地感受到了镇江的山美、水美、人更美;以学习身边的模范——金燕老师的言行,诠释了"人民的利益高于一切",引导队员们实现"让童心在队礼中闪光";以"孙中山'天下为公'精神大揭秘"户外实践汇报,展示了辅导员们的专业技能……最终,镇江代表队获得"微队会展示"团体特等奖,"户外实践活动"团体特等奖,"才艺展示"团体一等奖,团体总分一等奖等荣誉。

熠熠星光,是收获,是感动,更是一种成长和担当。"汗水中成长"的喜悦,像叮咚作响的山泉,激励着辅导员勇往直前。

捧着一颗炽热的心,行走在少先队事业的征途上。与红领巾同行,不忘初心,将红色基因传承,是"卢刚辅导员工作室"最真诚的梦!

(原载2017年8月《辅导员》,作者:陈萍)

顾岫荫的诗意人生

1962年10月，顾岫荫读高一时，就成为初一学弟学妹的少先队辅导员；1965年5月，她被共青团无锡市委评为全市唯一的学生优秀辅导员。她立志要当一辈子辅导员。之后，从中小学的中队、大队辅导员到无锡市少先队总辅导员和名誉总辅导员，她被评为全国优秀辅导员，荣获全国少先队工作突出贡献证书，荣获中宣部、教育部、团中央、文化部等十部委授予的"首届中国青少年社会教育银杏奖终身成就奖"。2022年，她光荣带"队"60年。她说，一生只做一件事，当一名好辅导员。她，做到了。

源于博学开放、时尚雅致的品格特质——她是少先队教育的"文化人"。

《无锡74岁阿婆活出万千女性羡慕的模样》——这是2019年11月无锡教育报道在江苏推送的一个专题访谈标题，这位74岁的阿婆就是顾岫荫老师。无锡教育电视台为顾老师做了专题访谈，在顾老师毫不知情的情况下，从顾老师的朋友圈下载了一组她的照片，照片中的顾老师神采飞扬、仪态万方，举手投足间透出优雅的文化气质。许多领导、教授和媒体同仁都夸赞这个访谈帖子做得好，用最真实的方式宣传了"江南少先队辅导员青春不老的夕阳人生"。她的老同事、无锡市少年宫主任刘建美为此感叹："没想到，她把自己退休后的生活过得这么多姿多彩。她从青春芳华走向脱俗的优雅。诚如顾老师自己崇尚的'像蚂蚁一样工作，像蝴蝶一样生活'。"

顾老师出生在江南水乡名城无锡古运河旁。风骨独特的江南文化和精神是融入顾老师血脉的文化基因，滋养她个人的文化成长。加之她的中文专业学习和对中国诗词文化的喜爱，这一切，在岁月沧桑的行走里渐渐把她浸润成别人眼中博学开放、时尚雅致的少先队"文化人"。

经典活动"诗情画意梅花节"。顾老师依托无锡梅文化，把无锡人的"游梅园"设计为中队"梅花节"，带领队员们走进梅园"赏梅"，听园艺师介绍梅花品种，在花海里徜徉体验；带队员了解梅花的奇闻轶事；交流对具有梅花精神的英雄岳飞、文天祥、江姐等的敬仰之情；齐唱《红梅赞》，学习时代红梅张海迪。赏梅、品梅、颂梅、学梅四个环节构成了这个诗情画意好活动。少先队专家张先翱教授评价说："梅花节活动体现出了辅导者很高的知识水平和艺术修养。"

"岫荫会客厅"中华传统文化专栏。从2016年4月至2018年，《辅导员》杂志开设少先队的中华优秀传统文化教育栏目，特邀顾老师做栏目主持人，并以她的名字定该栏目为"岫荫会客厅"。两年多里，顾老师依托这个栏目，对话陆士桢、田兆元等知名学者教授，联系了解各地传承传统文化的特色活动，研讨传统文化教育的路径和方法。顾老师帮助辅导员以传统文化引领孩子们懂得中华民族精神的根和魂。

创建江苏省少先队文化专业委员会。这是全国唯一的省级少先队文化专业委员会，从2004年的30个人开始，顾老师带领大家不断在少先队文化建设道路上努力前行，连续15年在省内各地轮流举办年会，提供学习观摩的机会。到2018年的第15次文化年会，参会的会员单位人数已达518人，先后有3000多名辅导员及学校成为这个专委会会员，一批批辅导员跟着顾老师实践研究，迅速成长。江苏省少先队总辅导员华耀国老师夸赞说："这是江苏省少儿研究会里人数最多、水平最高的一个专委会。"顾老师以她的博学多才、谦和务实的人格魅力在专委会享有很高的威望，她每次在年会上的主旨讲话，或者是一首脱口而出的诗歌，或者是一篇热情洋溢的演讲，都让与会的年轻人深深折服。

"跨界"的文化行走。近十来年，顾老师的文化视野越来越宽，行走舞台越来越广。她选择参与教育部重点实验项目中华经典诗文诵读实验工程,她策划的无锡天一实验小学承办的全国首届新经典诵读实验展示让参会的各地同仁喝彩不断。她参与海峡两岸儿童教育工作者的绘本阅读教育交流,并及时推荐相关学校开展少先队绘本读写画演等系列衍生活动;作为语文教师出身的她,还多次活跃在全国小学语文教师"好声音朗读大赛"、新体系作文教学研讨和世界级非遗中国女书等各种活动中。网络时代的当下,顾老师制作的"铁军湖畔的红领巾""花间记事""阳春巷归去来"等美篇、小年糕、彩视,往往在短短一两天时间内阅读量就破万,拥有无数忠实粉丝,成为让人赞叹不已的少先队"网红女神"。

江阴的无锡少先队活动课教研员何小平曾在一段文字里这样写道:和顾老师40年的相识相知,我已从开始时称她顾老师改为尊称她先生,这是因为顾老师各方面呈现的精彩感动了我……我感叹一位古稀之年的知识女性五彩缤纷的生活和容颜,沉稳自信的内在,深邃卓越的思维。我想,答案并不难找,这是因为先生的文化品格和对少先队事业的忠贞不渝所至。

拥有精益求精、不断超越的专业修养——她是少先队教育的"匠心人"。

无锡市少先队总辅导员孙庭标这样评价自己的导师:"顾老师是位非常有思想的少先队专家,她的专业修养也极高,这源于她多少年对自己教育思想的追求和专业修炼的坚持。她当中学辅导员,追求对从少年走向青年的少先队员的理想引领,并探究中学少先队活动的少年化、艺术性、思辨性等特点,所以她那时学校的少先队工作范例两次被团中央少年部向全国推广。她当无锡市少先队总辅导员后,又追求在新的历史时期推动无锡地区少先队组织教育的新发展,让少先队工作与无锡这样的城市经济与社会和谐同步发展,所以她创造性地提出红领巾小事业的区域性规模发展,引领全市队员喊响"今天做小事业、明天做大事业"的成长口号;红领巾小事业也两次写进无锡市政府发展规划,这在全国也是不多见的。顾老师专业修养在省内、国内也闻名遐迩,她坚持践行活动强队理念,在活动中积淀,且行且思，精益求精；她坚持践行科研兴队理念，在研究中提升，笔耕不辍，不断超越自我。"

她坚持践行活动强队实践。担任少先队辅导员50周年时，她在《辅导员》杂志发表了《追梦那只美丽蝴蝶》一文，一是表达对少先队活动实践和教育艺术体会的思考，二是通过少先队活动提升少先队教育成效的思考。从1987年发表《少年教育情趣论》提出少年儿童教育活动过程中的情趣吸引、情趣场法则等观点，到后续多年深入实践，形成她相对成熟的情趣教育观点。60年来，顾老师在不同的辅导员岗位上，面对不同的时代背景需要、不同的儿童生活实际需要、不同的主题教育需要，她总能"把握时机，因时制宜，推陈出新，因人而异，举一反三，借鉴移植"，她所辅导的少先队活动总是得到孩子们的喜欢，得到各方面的认可和好评。

她在中学时组织的"从相思鸟想到的"是借华侨学生辗转送给母校一只相思鸟对队员进行的爱国主义教育活动；"梦里成了泥人工"是队员寻访无锡泥人厂、对家乡非遗特色工艺的了解收获，该活动获全国"快乐的小队"活动竞赛最佳奖；"健美乐少年生活向导公司"活动在1985年全国少先队万名"创造杯"活动中获最佳杯排名榜首。

1997年香港回归前，她冒着严寒风雪深入城乡学校宣传发动学生们参加"迎香港回归心意卡制作大赛"活动，最终无锡3名队员赴港参加颁奖典礼。在1999年的第28届国际少年书信比赛活动中，她组织无锡市队员在冬令营里撰写"邮政在我心中"参赛书信。她指导的学生荣获该国际赛事金奖，为国争光。她以一个少先队活动赢得国际比赛金奖的实力和智慧，成为名副其实的世界优秀辅导老师。

在新时代的追梦路上，她策划指导惠山区少先队员开展"幸福快车"系列活动，引导吴文化少年科学院的少先队员开展"寻找无锡建设的100个亮点"活动；指点刘潭中学少先队员开展"关爱空巢老人的敲门行动"，尤其是天一实验小学少先队员开展关爱抗战老兵的"一场和时间赛跑的行动"、寻访家中有意义的纪念品的"晒宝节"活动，在省级赛课中均获特等奖第一名。作为江苏省名辅导员工作室导师的她，以串联儿童红色歌曲的方式给该校队员讲队史，开展"我们的队史会唱歌"活动，赢得观摩者的交口称赞。她策划指导的"传承您的红色基因——寻访红色特工沈安娜"和"小番茄寻访儿童团长"两个活动入选全国百节爱党教育示范课。

她坚持科研兴队的思考探索。顾老师以张先翱、吴凯、唐云增、徐国英等老师为榜样，认真学习儿童教育理论，潜心研究少先队美育论题，较早撰写发表了《论中学少先队美育活动的作用及途径》《少先队活动艺术谈》《论少先队文化特征》《论少先队品牌建设》等文章。她的《如炬的文化——论少先队文化的先进性》系列论文，获全国少先队小论文评比一等奖。1994年，她参加团中央的赴港考察团后，带领无锡辅导员承担了《雏鹰争章达标手册》编写任务，在全国少工委主编的《少先队活动大全》一书中，作为少先队美育专家，她又承担了"美育"篇及部分"活动"篇的撰写。她作为主编出版了一套10本的"当代少年"故事丛书。她还撰写过《世纪放歌——记吴文化少年科学院》《张家港的少先队》《明珠的希望》等多篇长篇少先队通讯报道。

邀请她担任《少先队活动》杂志刊首语两年专栏作者的杂志主编沈瑞这样说："刊首语是一期杂志的引领和精髓，作为专家，我们看重的是她的专业性，因为她高屋建瓴的思想高度能够代表本刊引领基层少先队工作，如何开展少先队活动，为他们指明工作方向，把握工作重点和要点。请她赐文，很大的原因还在于她的实践性和思考性、她的与时俱进、她的创新求变和精益求精。"

坚持务实创新、使命担当的职业精神——她是少先队教育的"圆梦人"。

2022年7月1日，顾老师在朋友圈发了她"日子的模样（46）——一生只做一件事"。她说："今天是党的生日，我是中国共产党党员，我也是光荣的少先队辅导员。一生只做一件事，我为党的事业传递星星火炬60年。"著名少先队教育专家陆士桢教授评论说："一生努力，奋斗一生坚守出新。一生心系儿童，一生播撒阳光。"中国少先队工作学会副会长柯英老师说：顾老师用"一生只做一件事"表达她对党的忠诚与信仰。60年，她为党的事业"打底色，筑根基"，无怨无悔，执着追求。60年，顾老师始终脚踏实地地坚守在少先队工作第一线，不怕困难，刻苦奋发，勇于创新。

她热爱孩子。顾老师关心她接触到的许多有困难的孩子，她可以记得住几乎所有无锡市学校少先队大队长的名字，和他们成为朋友。她在办公室的"少儿知心电话"里为许多来电求助的孩子排忧解难。她帮助一个孤儿考进大学。并在其大学毕业时帮助她圆了教师梦，上好第一节思政课，直到把她送上婚姻的红地毯。许许多多的队员、队员的家长都和她成了挚友；不少队员像她一样，当上少先队辅导员乃至走上学校领导岗位。

她关爱辅导员的成长。从无锡市少先队总辅导员到名誉总辅导员，顾老师在这个岗位干了35年，激励、助力一茬一茬的年轻辅导员成长为优秀辅导员。作为无锡和江苏少先队的领军人物，对辅导员的成长，她毫无保留地倾注心血，一视同仁。无论工作与生活，她都是大家的贴心人。她一手带出来的全国优秀辅导员诸月芳说："顾岫荫老师以自己的专业道德、专业能力、专业修养，引领着一代代辅导员在实践中不断思考少先队工作是做什么的、少先队工作为谁做、少先队工作怎么做，为大家的成长搭台子、架梯子、压担子，激励少先队辅导员努力在成长路上奔跑。我就是跟着奔跑亲身受益的一员。"全国优秀少先队辅导员吉静娟也说："回忆顾老师对自己的关爱是难以用语言来表达的，特别是2007年我爱人突发脑出血瘫痪在病床上，她不顾自己眼睛刚做过手术，和先生一起连夜赶到医院，不断地安慰我没有过不了的坎，鼓励我坚强地面对，还告诉朋友们都来关心我。"

她坚持传承红色基因。顾老师常对孩子们说，自己也是党的阳光雨露培育长大的"红孩子"。她告诉孩子们自己是走了一条入队、入团、入党的人生道路，实现了自己的人生职业理想。在中学担任大队辅导员的时候，她和中队辅导员一起指导开展"爸爸妈妈戴红领巾的时候"主题活动，鼓励队员采访自己爸爸妈妈戴红领巾时候的队生活。

家长们说，这个活动不仅教育了我们、教育了我们的孩子，也让我们这些老少先队员再一次体验少先队组织教育的重要性，感受少先队员的光荣感、责任感。当上无锡市少先队总辅导员以后的顾老师，始终按照少先队组织的使命要求，坚持开展爱党爱国爱人民的各种教育活动。纪念抗战胜利50周年，她带领全市队员传递星星火炬队旗，在河垾中学分会场，当20多位团以上的革命老军人走进活动现场时，少先队员敬仰不已；她走进五爱小学，参与指导彭雪枫英雄中队的活动，撰文宣传学校校史室的三件宝：一面布满弹痕的红旗，一张小红军长征图，一本战争年月苏区孩子行军中的课本。她指导江阴市初级中学创建"渡江第一船英雄中队"，并深入中队了解英雄中队的成长，在《少先队活动》杂志发表《渡江第一船中队之歌》长篇通讯，英雄中队成立25周年纪念活动那天，学校给她隆重颁发了"突出贡献奖"奖牌。建队55周年时，她建议无锡市少工委开展"学名人、学英雄走英雄成长道路"主题活动，向20个中队授英雄中队队旗。

顾老师更倾注不少精力在对红色基因教育、党史教育实践研究上，她指导东北塘小学的"新时代爱党教育方式方法创新研究"，指导天一实验小学依托校内的陆定一微展馆开展"少先队红色微阵地建设的实践研究"。作为无锡市红领巾讲师团最年长的宣讲员，建党100周年时，为落实习近平总书记回信精神，她深入各个学校给孩子们做《顾奶奶讲"新旅"》巡讲。她的这个"践行"被央视大风车节目拍摄并在全国播报，她成为唯一"讲新旅"上央视的少先队辅导员。2022年是建团100周年，恰逢党领导下的中国少年儿童运动史100周年，为此，顾老师拟定了"红孩子成长记——顾奶奶讲队史"主题宣讲。她注重宣讲的故事化、儿童化，自己设置了宣讲的辅助道具和实物，她讲得动情，队员们听得忘情。每到一个学校宣讲，她就带领队员们宣誓一次："听党话，跟党走，做党的事业接班人。"前不久，她和先生一起精心制作了12条锦鲤，带领东林小学少先队员开展了"巧手制锦鲤　献礼二十大"别开生面的红色教育活动。

2019年6月1日，无锡市中小学老辅导员开展庆祝建队70周年联谊活动时，她自己写作并深情朗诵诗篇《感恩遇见》："我感恩我遇见的这一抹红色，这一抹红色，像鲜血一样流淌在我的血管……在这抹红色里，我向共青团报到，向孩子们报到，我向党和人民握拳把誓宣：永远作为孩子们传递星星火炬的领头雁。"

从17岁到77岁，顾老师始终站立在少先队这支光荣的队伍里，她用一辈子的职业理想、职业道德、职业追求，展现了自己的职业精神！2022年，共青团无锡市委员会、无锡市教育局、无锡市少工委在无锡市第八次少代会上授予顾老师"光荣带队60年"奖牌。

诗意源于终生坚守的使命担当和真情奉献。

祝顾老师队旗下圆梦，诗意人生幸福圆满。

（作者：陆非文）

魏慈瑛：一辈子干少先队

1978 年，沐浴着改革开放的春风，少先队组织重新恢复。那年，刚满 23 岁的我是一名共青团员，在基层学校担任老师，能唱会跳的我展示着青春的活力。于是，学校推荐，共青团金华市委、金华市教育局聘我为大队辅导员。从此，在星星火炬队旗的感召下，为了钟爱的少先队事业，我奔波了 30 多年，再也没有舍得离开。

捍卫童年，融入情感，做少先队员的知心朋友

快乐的童年，体现着儿童的天性，是人类应当赋予孩子们的大爱。捍卫儿童的快乐，是少先队组织的责任，也是少先队辅导员情感的寄托。当年，在基层学校，我带领少先队员动脑动手搞"创造杯"活动，为活跃全体队员组织"勤巧小队"活动，开辟小菜园、小果园参与劳动实践活动，还建立了"十分钟队活动"制度，从"苗苗儿童团"活动入手实施队前教育研究……从此，年年组织队员们开展歌咏节、读书节、科普节、迎新歌舞节等活动；月月组织不同层级的主题中队活动；周周指导各中队开展少先队活动，还经常辅导队员们举行"十分钟队会"活动，锻炼了一支支聪明能干的小干部队伍，建立了积极主动的中队辅导员队伍，聘请了各行各业的优秀团干部担任各中队的校外辅导员。这些生动有效、蓬勃向上的少先队工作，使学校被评为首批全国红旗大队。少先队组织在少年儿童的成长中发挥了不可替代的作用，生动有趣的少先队活动给他们留下了快乐童年的深深印记，我也成了队员们喜爱的知心朋友。在基层工作的 15 年间，我先后 23 次获得了金华市、浙江省乃至全国的各种表彰奖励，我也从一个扎着羊角短辫的小老师，成长为一名优秀的共产党员，把人生最美好的青春年华献给了少先队。

干在实处，乐于奉献，做西子湖畔的"队门女将"

1993年秋，我被调到共青团浙江省委少年部，专职从事少先队工作。天地更宽了，视野更广了，我深知这是组织的信任，深感责任重大。我默默嘱咐自己，在新的工作岗位上必须实干、实干，再实干，用我的辛勤努力和才华、智慧，服务太阳底下最灿烂的红领巾事业。

我坚持深入基层，首推从城市到农村的"手拉手援助计划"，城乡互动、山海协作，浙江省有48个县、区率先结为手拉手联谊对子，开展了手拉手书信交朋友、书包交朋友；动员全省少先队员"节约一毛钱援建浙藏手拉手希望小学、浙蒙手拉手抗洪小学"；组织开展"浙港少年手拉手国旗下迎回归""手拉手保护地球村""手拉手红领巾助残"等活动。在工作实践中结合浙江省情，主导以科技活动为特色，培育、发展了"临安交口少科院"、杭州艮山少年发明学校、开化少年林科院、舟山少年海洋学校、遂昌红领巾茶园、衢县（今衢江区）少年橘科院等一批红领巾科技实践基地。1994年春节前，我和杭州下城区少工委及队员代表一行12人，来到海拔700多米大山深处的"农村少先队劳动实践基地"——遂昌县上垟小学。这所"住读"着来自方圆几十里且只有54个孩子的小学，是浙江省农村山区少先队的一面旗帜，大队辅导员傅亚芹是党的十四大代表、全国优秀少先队辅导员。当大家将下城区少先队员节约零花钱买的电视卫星接收器安装在乌牛山顶上时，上垟村的队员们能清晰地看到电视了，他们激动不已地欢呼着，捧着自己劳动实践种植的橘子和制作的豇豆干、磨豆腐、地瓜干送给来自杭州的伙伴……两地少先队组织手拉手互助，两地少先队员情感交融，使我深受感动，更坚定了"让少先队的辅导触角伸入最基层"的决心。

从此，我跑遍了浙江的山山水水，农村、山区、海岛都留下了我的足迹：1995年我下基层130多天，1996年115天，1997年112天……那时我丈夫在援藏、女儿要高考，压力和困难可想而知。1999年的建队纪念日，我荣幸地被评为第二届全国十佳少先队辅导员，受到了党和国家领导人的亲切接见。2005年，作为少先队辅导员代表，我光荣地出席了第五次全国少代会，开幕式上又一次受到党和国家领导人的接见，还在人民大会堂主席台就座，这对我既是鼓舞更是鞭策。为迅速传达全国第五次少代会精神，那个暑假我冒着酷暑，连续10天跑遍浙江省欠发达的10个山区县，免费培训了1000多名基层辅导员。我白天认真讲课，晚上忙着赶路，尽管十分辛苦，但我觉得自己尽了浙江省少先队总辅导员的一份职责。也许正因如此，我被少先队界誉为"西子湖畔的队门女将"。

与时俱进，勇于创新，做少先队品牌的打造者

1993年底，全国少工委推出"跨世纪中国少年雏鹰行动"，这项少先队实施的素质教育工程可载入史册，为少先队辅导员施展才华提供了宽广的舞台。多年来，我持之以恒，不断探究创新少先队"雏鹰奖章"品牌活动，为之付出辛劳，至今不曾懈怠。

15年中，根据工作实际，我先后三次编写了《浙江省雏鹰争章活动手册》，深入城镇、乡村、山区、海岛基层学校调研、宣讲，指导"雏鹰争章"活动的开展，并逐步形成了一个个工作点和基层示范点。这期间，全国少工委分别于1996年和2006年在浙江召开雏鹰争章活动现场会推广浙江经验。如今"雏鹰争章"活动编进了浙江省地方课程，进入了学生成长综合评价体系，列入了"十一五"《浙江省政府妇女儿童工作发展规划》。

作为浙江省少先队总辅导员，多年来我努力履行工作职责，我悉心带队伍搞培训。在浙江省11市90个县（市、区），全部配齐得力能干的少先队总辅导员；常下基层做培训并积极争取团费支持，免费培训辅导员；坚持两年一次，连续举办了10届浙江省少先队辅导员争章技能展示活动。我尽心抓活动、促活跃。培育典型以点带面，推广经验抓落实，一年一活动主题，一年一主题奖章，激励少先队员乐于参与少先队活动，真正活跃了少先队基层组织。我用心建机制谋发展。

建立每年互观互检制度，促进少先队基础建设水平的提升；建立少先队奖励制度，每年颁发少先队员雏鹰奖章制度，每两年颁发少先队辅导员素质奖章制度等，还建立了少先队课题研究申报制度等。

一路走来，我不知策划组织了多少个少先队活动，带领了多少位少先队员在星星火炬队旗下呼号、宣誓。许多人说，"魏老师真不容易，一辈子干少先队，可看你总是乐呵呵，充满激情！"其实，当初从事少先队，是因为我年轻；后来专干少先队，是因为我喜欢；如今研究少先队，是因为我执着。我明白，少年儿童的事不能等待，引导"少先队员听党的话"是少先队辅导员的神圣职责，干少先队事业的岁月就是激情燃烧的岁月。"初干不情愿，再干生感情，久干就着迷！"这也是我"坚持一辈子专干少先队"人生的真实写照。为了党的事业后续力量的培养，为了少先队员的快乐成长，我将尽我所能，在少先队道路上继续努力前行。

（原载 2009 年全国少工委主编的图书《我与红领巾》，作者：魏慈瑛）

俞明德：无可比拟的幸福

满头银发映衬下，老人胸前的红领巾更加鲜艳夺目。

如今，已经耄耋之年的俞明德老人依然经常出现在校园或者青少年宫。和孩子们在一起，他感觉自己"都年轻了好多"。俞明德是浙江省温岭市一位退休教师，他将自己大半生的时间和精力都倾注在了少年儿童教育和少先队工作中。他是新中国成立后第一批少先队辅导员之一，也是全国少先队优秀辅导员、全国一级"星星火炬"奖章获得者……他还曾多次作为代表参加全国少代会。

回忆起与少先队员们一同走过的日子，俞明德总是精神抖擞，有说不完的话。

成为新中国第一批少先队辅导员

生于1931年的俞明德，在18岁那年，成了一名教师。

1949年，新中国成立后不久，10月13日，中国少年儿童队（后更名为中国少年先锋队）成立。也是在那一年，俞明德加入了新民主主义青年团。

"当时组织安排我当了少年儿童委员，刚好我从报纸上看到少年儿童队成立的消息，就给团委打报告，申请成立了温岭第一个少年儿童队组织——紫皋乡少年儿童队大队部。"俞明德回忆，也正是这个机会，让他成为当地第一位"少年儿童队辅导员"。

当时家家户户日子过得紧巴，孩子们都没有红领巾。怎么办？俞明德就在附近找来一些红布，撕成小布条，当红领巾。"我又扯了几米白布，剪了很多小方块，用蓝色的墨胶在上面印下孩子们的姓名和年级，用线给他们缝好，别在衣服上。"就这样，他们成了温岭的第一批儿童队队员。

当上辅导员的俞明德，白天为孩子上课，晚上就把孩子们组织起来，带着大家唱革命歌曲、宣传土改……

抗美援朝时，大家都想着为志愿军捐飞机大炮，孩子们能做点什么呢？俞明德发动队员们把各家各户的鸡蛋收集起来卖了换钱，再通过团组织捐给志愿军"买飞机大炮"。

别看辅导员带着一群"娃娃兵"，在那个年代，俞明德和这些孩子们没少作贡献。他回忆，当时紫皋往新河一带还是一大片荒地，为了防止特务来搞破坏，乡里会组织人员查路条（当时过路时官方乡镇开出的临时通行证——作者注）。白天大人们值班，到了晚上，俞明德就和孩子们住在附近的关帝庙，扛着从地主家里缴来的标枪、大刀，轮流放哨、查路条。

1954年1月的一个晚上，让俞明德印象深刻。当时乡土改工作队队长陈明登找他谈话，要他谈谈对共产党的认识。

"我迫不及待地把对党为人民大众谋幸福等认识和想要入党的心愿一股脑儿说了出来。"陈队长听完后，笑眯眯地拍拍俞明德的肩膀说："那么你就写份申请报告来，我们再研究研究。"

他连夜写好了入党申请书，第二天天刚蒙蒙亮，就把入党申请书送去了。

"3月18日晚上，在煤油灯前，在土改工作队同志的主持下，我紧握拳头，面对鲜红的党旗宣誓，喊出'要为共产主义事业奋斗终身'的誓言。从此，我在党的直接教诲下不断进步，逐渐懂得了革命的道理。"时隔多年，这一幕俞明德至今铭记。

周总理叮嘱"要把孩子们教育好"

1955年，对于俞明德来说，有着特别的意义。

那一年，他被评为"全国青年社会主义建设积极分子"，受到国家领导人的接见。"主要还是因为在紫皋组织儿童队的事情，不过那个时候我已经调到城区的方城小学了，当副校长兼大队辅导员。"

尽管俞明德一直以作为一名少先队辅导员为荣，当年9月，俞明德到北京参加大会和国庆大典，还是让他再次深深地体会到作为少先队辅导员的光荣。

那一天，在中南海怀仁堂，党和国家领导人接见了全体青年社会主义建设积极分子代表，并准备和大家留影。

让俞明德没想到的是，晚上的国宴上，周总理来到他身边，见他胸前戴着红领巾，便问："你是辅导员代表吗？""是的。""你是哪个省的？""浙江。""为我们美丽的西湖干杯！"

"那是我第一次喝葡萄酒，当时喝的那杯酒是那样醇美。"俞明德更清楚地记得，临走前，周总理还叮嘱他："你是辅导员，回去以后要把孩子们教育好。"

这些年，俞明德先后到过不同的学校任教，他始终牢记周总理"要把孩子们教育好"的嘱托，走到哪儿，都不忘干好少先队工作，把孩子们教育好。

曾经有一段时间，他既担任校长又负责辅导员工作，教育局领导看他肩头的担子有些重，便找他谈话，希望他能够把辅导员工作放一放。俞明德的选择是校长可以换人，但是辅导员工作，自己一定要干。

后来，一次带着学生到北京参加夏令营，俞明德有机会和邓颖超同桌吃饭，还把周总理的嘱托讲给她听。"当时她听了很高兴，还送给我和同去的一名少先队员林欣两颗桃子……"

这么多年过去了，这些点滴俞明德都清晰记得。

1989年10月，俞明德在天津市凤凰山庄参加庆祝中国少年先锋队建队40周年活动时，团中央领导曾给他亲笔题词："一生春播无限情，喜看幼苗已成林。功高人老童心在，夕阳点燃漫天云。"这让他再次受到很大的鼓舞。

毛主席始终念念不忘少年儿童的教育与健康，向全国青少年发出"好好学习，天天向上"的号召。后来，每个时代党和国家领导人都对少年儿童教育提出不同的要求，但总的目的就是关心和教育好少年儿童。

少先队工作不分年龄

俞明德刚当上少先队辅导员时，对到底要怎样开展工作很困惑。当时没有人具体指导辅导员开展工作，他自己也在探索。"不是简单给他们唱唱歌、跳跳舞。"俞明德始终坚信一点，辅导员工作就是要围绕热爱共产党的宗旨，开展宣传、教育工作。

关心少年儿童成长是少先队辅导员工作的重要部分，这一点，俞明德一直没有忘记。早年间，他在一所小学任教，学校条件比较艰苦，六七个班，两三百个学生，有一排房子还是解放前留下的。窗子都是空的，用毛边纸一糊，背后上下搭两条交叉线，免得稍微起风纸就呼呼响。

"我便跑到教育局要玻璃，他们说：开玩笑，现在这么困难，上哪儿要玻璃啊。"玻璃没要到，让俞明德略感欣慰的是，好歹要回来一个篮球架，学生们第一次有了像样的体育课。

多年过去了，俞明德不改初心，与时俱进，始终坚持在辅导员岗位上不断探索。

20世纪80年代，俞明德首创温岭少先队特色品牌"海洋生物博物馆"，为少先队特色阵地建设开了先河。20世纪90年代，他突破中学少先队薄弱环节，引来浙江省"少年团校"现场会在新河中学召开。

1991年10月，俞明德从讲台上退了下来，但他并没有远离孩子们。他先是拿起笔、相机，走到孩子们中间。后来，又扛起摄像机。在75岁时，他学会了上网，还受聘当上了温岭市少先队终身辅导员。

"做辅导员，必须要终身学习。"俞明德说，学电脑、拍照，是为了让自己跟上时代，"现代化武器要用上"。曾经孙子看他在电脑上一个个敲字太辛苦，想要帮他打字，他坚持自己打出来。学会手机上网、有了微信，他经常收到孩子们的信息："俞爷爷，明天我去少年宫，您去吗？""俞爷爷，我们学校搞主题队日活动，您要来参加啊！"……每当听到孩子们的呼唤，俞明德总是感觉动力满满。

俞明德觉得，只有经常和孩子们在一起，才能看到他们的喜怒哀乐、触摸到他们的成长脉动，才能更好地指导和引领少先队员感受到少先队组织的温度。

在中国少年儿童发展的道路上，像俞明德一样一心为孩子们付出，把自己的大部分精力投身于少先队工作的人还有很多。尽管已经记不清楚和他同一时代的老一辈辅导员们的具体情况，但是俞明德知道，很多人都和他有着同样的想法和希望，都在为孩子们的成长发展尽心尽力。"把自己的一片心血全部都贡献给孩子们，家里有什么就给孩子们。"

他还记得，有位老师生病了，学校让她休息，她不肯休息，坚持在学校教书、当辅导员做少先队工作。"这些老师离不开自己的岗位。"对此，有着同样心情的俞明德深有体会。"在辅导员岗位上干久了，看不到孩子们就会觉得很孤独。"他说那位老师一定也是这样。

俞明德坦言，辅导员、老师教育孩子们要拥护党、拥护毛主席、拥护党的政策，教育孩子们艰苦奋斗，树立远大的理想，这是教育者的使命。

怎么拥护党？不是嘴巴上讲讲？他举了个例子，和现在的孩子聊到"家里怎么富裕起来的？"孩子说："我爸爸会赚钱，我妈妈怎么……"俞明德说："总感觉少年儿童成长教育中，爱党的教育现在比以前削弱了。"

在讲"红旗为什么是红色"的时候，很多老师讲到是用革命烈士的鲜血染成的，就结束了。有个孩子就曾天真地问："俞老师，用鲜血染成的，这个布不会发臭吗？"这让俞明德很担心。他说："是老师们不懂吗？不是，但是，他们不会讲得这么细致。"俞明德觉得，少先队开展活动应该同实际情况结合，而不是照本宣科。比如，组织少先队员到烈士墓前，不是走走过场，而是要开展实际的教育。

2015年，俞明德工作室成立。为了让这种"红色情怀"代代相传，他为辅导员创造各种培训机会。多年来，这个工作室既发挥俞明德在少先队辅导工作上的示范、引领、传承作用，开展青少年思想道德教育、培养优秀的少先队辅导员，又成为老干部发挥作用以及教育下一代的工作基地。2017年5月，俞明德工作室被全国少工委授予"全国首批少先队名师工作室"称号。

在工作室里，俞明德接待过一位70岁左右的老师。他以前当过少先队辅导员，后来眼睛看不见了，还是坚持要给孩子们讲故事。这位老师曾在老伴的陪同下来到俞明德工作室，讲了红船的故事，还把用纸制作的红船送给了他。

在俞明德工作室，老一辈少先队辅导员是重要的组成部分。平日里，这些"五老"辅导员们每人结对一名贫困学生或者留守儿童，他们经常戴着红领巾走进学校，上好开学第一课，讲南湖红船精神、讲大陈岛垦荒精神；走到少先队员们当中，陪孩子们一起读报，通过讲述革命传统故事，教育和引导孩子们传承红色基因。但是，这些老人们有一个原则，他们日常去的大都是贫困学校或者是偏僻乡村的学校。

虽然岁月漫长，但是和可亲可爱的少先队员们在一起，俞明德总觉得仿佛是弹指一挥间。"我爱孩子，离不开孩子，就如同鱼儿离不开水一样。我觉得和孩子们在一起，是少先队辅导员的职责，也感到无比的光荣和快乐。"

多年从事少先队辅导员工作，俞明德感受到：不同时期少先队辅导员的工作对象、工作方式都在发生变化。但是，在他看来，有一点即使对于现在的少先队工作，依然行之有效。

"必须明确，少先队辅导员首先就是少年儿童的知心朋友。"俞明德表示，不能把自己当老师教育学生，少先队辅导员主要是激发孩子的自主性。他看到，一些年轻辅导员在开展少先队活动时为了图省事儿，按照自己的模式给少先队员们布置任务，而不是启发式地引导和激发孩子的聪明才智。他觉得，"这限制了学生的发展，辅导员虽然是学校的老师，但是走到少先队员当中，就是'红领巾'的朋友"。

从他们身上看到未来

解放初期，俞明德有一次生病，什么饭都吃不下，一位家长送来一种糖霜杨梅,"之前没吃过这种白色的杨梅,感觉很新鲜。"俞明德说他吃完后觉得很好,后来那位家长每年都给他送点这种白色的杨梅。再后来,他到其他学校工作的时候,那名学生每年依然要送杨梅给他。

"他说,我爷爷临终前特意嘱托,每年不要忘记给小俞老师送杨梅。"送杨梅的人换了好几茬,但是每年杨梅总是如期而至,这让俞明德很是感动。"老百姓很纯朴,他待我们也太好了,我们作为老师,当时也是有什么好吃的会送给学生。"在俞明德看来,少先队辅导员和学生、家长,就像一家人一样。

早年间,俞明德曾在上海有名的格致中学读了两年书,后来形势所迫不得不辍学。新中国成立以后,学校写信询问他是否愿意回到学校,得知他已经在当地成为一名教师时,学校甚至告诉他也可以在上海任教。但是俞明德离不开这些孩子们。

"我现在已经快90岁了,我的学生有的都80多岁了,他们还会年年来看我,带着他们的儿子、孙子……"说到和学生们的情谊,俞明德满是欣慰。

不少人疑惑,他干了大半辈子少先队辅导员工作,退休还要当什么辅导员。俞明德觉得,做少先队辅导员有一种光荣感,培养出优秀孩子的时候,更是有一种自豪感。

他还记得,在温岭县第一中心小学当大队辅导员时,有一天,一位农民气呼呼地跑来告诉他,"你们学校有个学生,拿着笤帚疙瘩,在我刚码好的谷子堆上爬上冲下,把谷子堆都蹬散了。"

俞明德跑到校门口一看,有个学生在谷堆上跑上跑下,喊着:"缴枪不杀!"原来,那位学生"在学解放军冲锋杀敌人呢"。了解事情原委后,俞明德耐心地告诉他:"解放军是遵守纪律的,是爱护公共财物、爱护老百姓的。想当解放军,从现在开始你就要遵守纪律、好好学习、积极锻炼……"

让俞明德意外的是,许多年过去了,前几年他参加浙江省少工委举办的优秀少先队辅导员夏令营,在厦门鼓浪屿开展活动时,在炮艇上，一位年轻军官突然走到他面前，向他敬了个军礼。

"俞老师您还认识我吗？我叫陈二际呀！"

原来，他就是当年那个想当解放军的顽皮男孩。

那一刻，俞明德深深地感受到作为一名少先队辅导员的人生价值，感受到少先队教育的伟大意义。

一次，俞明德参加一个大队主题活动，有位学生家长知道了，连夜编织了一条红围巾，交给她的孩子在大会上献给他。这位学生的家长曾是俞明德的学生，如今，已经是一名高中老师了。

当年，她上小学时，是学校红领巾读报组的一名组员，她和一些孩子住在杨梅坑村的山顶上。由于家里经济困难，没有雨具，一下大雨，放学后大家就回不了家。是俞明德和老伴掏钱，买了20多件雨披，每逢下雨，就给孩子们穿上。

时隔几十年，这件事早已被俞明德淡忘，他当年的学生却始终惦念着老师的这份温暖。

意外地收到这条珍贵的红围巾，俞明德说自己当时心里酸溜溜的。"我深深地感到，爱心是可以传递的。少先队辅导员说的每一句话，做的每一件平平淡淡、最平常不过的事情，都可能在孩子们的心底里留下深深的痕迹，甚至影响他们的一生。这不正彰显了少先队辅导员工作的崇高吗？"

（原载2020年7月《中国青年报》，作者：杜沂蒙）

傅忠道：一位职业少先队工作者的成长路径

他在20世纪60年代就活跃于少先队工作领域，至今痴心不改；他参与、见证了半个世纪以来许多重要的少先队事件，也因此收获颇丰；他是改革开放后少先队重大工作的实践者、创新人，不遗余力地为星星火炬增光；他以坚实而又多彩的步伐，实践着诺言，履行着职责。

他就是傅忠道，曾任共青团浙江省委少年部部长、浙江省少工委副主任、浙江省团校党委书记和校长。他是团中央、全国总工会、全国妇联和国家教委授予的"全国先进少儿工作者"、全国一级"星星火炬"奖章获得者及"中国青少年研究事业突出贡献奖""全国少先队突出贡献证书"的获得者。纵观他的大半生，可谓位高责重、成果累累。

走进傅忠道的人生，可以清晰地看到一条闪光的少先队工作者职业发展之路，而激情是助燃剂，点燃了他的人生之火。

1961年夏天，在杭州孩儿巷中学毕业典礼上，一位优秀的师范生为同学们作报告时，声情并茂地朗诵了一首《教师颂》。这诗句深深打动了年轻的傅忠道为祖国培养栋梁之材的愿望，激励他毅然填写了报考师范院校的志愿。毕业即将离校的前一天晚上，学校团支部过最后一次组织生活时，团员们兴奋不已，谈工作、谈理想通宵达旦，傅忠道给大家留下了一句话："群英会上见！"

信念是发动机，赋予了他永不枯竭的工作动力

傅忠道师范毕业时，浙江省杭州市王马苍小学点名挑选他到学校担任班主任、中队辅导员兼校大队辅导员。当时，杭州的小学实行"二部制"，学生半天在校上课，半天在家分小组学习。傅忠道一周六个上午上 24 节课，下午到 8 个小组作指导，晚上走访"两头"——优秀生和学习有困难的学生。休息日，他还组织红领巾合唱团、红领巾故事会和乒乓球队活动等，几乎没有休息时间，不间断地向工作强度的极限冲击，以实现自己的诺言，追求他所热爱的事业。

于是，他带的班级进步显著，学校少先队大队工作生机勃勃，红领巾合唱团参加省市"六一"晚会，讲故事队员获得了杭州故事比赛第一名。参加工作第一年，傅忠道就被评为学校优秀辅导员，以后的三年，他连续被评为下城区优秀少先队辅导员。

傅忠道做大队辅导员两年，他干出了两项震动杭州市的事：一是看到校外自学小组单纯做作业，枯燥乏味，他把小组改成"少先队之家"，引导队员建立小队室，有计划学习、活动，还请家长担任校外辅导员；二是周六下午和周日全天开放少先队大队部，让所有队员都能在此自主活动。五天半"小队之家"、一天半"大队之家"，使队员们享有了全天候、多方位的组织关爱，社区少先队雏形也由此萌生。

创新是慧眼，开阔了他的工作视野

"文革"后，少先队组织的恢复，让刚被调至杭州下城区任少先队总辅导员的傅忠道深感舞台大了，责任重了，他的思考也更多、更深了。在学校组织"小队之家"时，他注意到有超过三分之一的孩子不是少先队员，有的甚至到小学毕业都没戴上红领巾。一位部队英雄作报告时，讲到他上小学时没能戴上红领巾，成了他政治生命无法弥补的缺憾。此事给了傅忠道极大震动，他坚信："顽皮"是孩子的天性，不能以固有观念，将儿童拒之于少先队组织门外。经过调查和深思熟虑，他率先行动起来贯彻"把全体少年儿童都组织起来"的方针，在下城区实施了让适龄儿童都戴上红领巾的计划。然而，此举却引发了"先锋作用怎么体现？"等诸多非议。在辩论中，"早组织，早教育，早锻炼"，很快成为大家认同的理念，下城区适龄儿童逐步戴上红领巾，成为全国第一个红领巾区。共青团浙江省委、杭州市委都十分重视他们的做法,派人到下城区蹲点总结了经验,并向全省推广。

一石激起千层浪,"全国第一个红领巾区"引发了全国范围内关于"全童入队"大讨论和少先队组织创新的波澜。不久,浙江省"把全体少年儿童都组织起来交流会"在绍兴召开,时任团中央少年部部长张均法参加了会议,并作了讲话,认为"以情感人,以理服人"这一经验很重要,提议《辅导员》杂志刊载相关文章。回京后,他又在全国少年部长会议上建议大家都来看看这些文章。

历练是摇篮,给予了他丰厚的经验和超强的能力

1981年8月,作为杭州市下城区少先队总辅导员的傅忠道,应邀参加了在昆明召开的第二次全国少先队辅导员夏令营,与全国少先队工作专家、辅导员精英齐聚一堂,开阔眼界、结交朋友,研究少先队教育……他有幸结识了一批全国著名的少先队工作专家,得到了他们的指导,比如,当时的夏令营营委会副主任李启民、总辅导员康文信、副总辅导员韩振东和张先翱、大队长孙运生等。来自全国各地的优秀辅导员们的经验,更让他认识到做好少先队工作要有理论、有实践、有技能。他深有感触地说:"大开眼界呀!少先队工作大有学问可研究。"这次夏令营,傅忠道任第四中队长兼大队部文艺干事,他的组织才能也得到了充分展示——他组织中队活动、指挥大合唱、领诵诗歌,来自全国各地的辅导员们都认识了真诚率直、热情奔放的傅忠道。

每次参加全国性少先队活动回浙江后,傅忠道都会想方设法向浙江省的辅导员骨干传达精神,与大家分享成果。比如,参加第二次全国少先队辅导员夏令营后,他立即与郑明芳、俞明德、张杏云、章浩川、殷志强、魏慈瑛、林培明等骨干辅导员,分享并实践自己所学与感悟。

1982年春,傅忠道被借调到团中央少年部筹备在中央团校举办的全国第二期少年工作干部培训班,具体负责教学与活动。这让傅忠道首次登上大学讲台，并有机会和故事大王孙敬修、著名专家、大学教授等一起工作。他们平易近人的为人、多才多艺的素质，特别是对少先队事业的光荣感和责任感，让傅忠道终身受益，更深刻地认识到：少先队理论水平有多高，少先队工作水平就有多高。少先队辅导员不仅应该是事业家、活动家，更应该是理论家、教育家。

1984年春，傅忠道又被借调到团中央少年部筹备中国少年先锋队队员和辅导员代表大会，任筹备活动处副处长和开闭幕式组长，负责会议期间的活动安排及落实。当时团中央领导对开闭幕式及活动提出了可以大胆设想、没有任何框框、准备时间6个月的意见。可对仅有一张介绍信、一张月票资源的傅忠道和他的同事们而言，北京地广人生，一件事几天都跑不下来，这么重而紧的任务如何完成？他们首先想到的是得有一辆车，可在团中央，连部长都没有专车。于是，傅忠道凭着他的执着和解放军对少先队的情谊，想方设法得到了部队的支持，借到了两辆吉普车，有效地加快了工作进程。这次近10天的会议，有着多场地活动，要求高，管理严。50分钟的开幕式，就分三个地点，活动内容既有邓颖超同志代表党中央讲话、小英雄介绍事迹、队员们表演，还有在中南海怀仁堂后花园和中央首长一起参加营火晚会等。然而，全部活动紧凑、热烈、意义深远。媒体的评价是"影响全国，震动世界"。大家哪里知道在会议召开前后的25天里，作为工作人员的傅忠道拼命工作，每天只睡两个多小时。

1987年夏，傅忠道又被《辅导员》杂志社借调来京参加全国少先队辅导员进修学校工作，筹备第三次全国优秀少先队辅导员夏令营，并任总辅导员。这次夏令营的主要任务是为即将进行的全国少先队辅导员技能技巧比赛做好策划和准备工作。比赛内容确定、项目设计、评比细则制订等过程，成了傅忠道学习提高的过程。回到浙江后，他立即组织了浙江省少先队辅导员技能技巧比赛，并将10位全国知名专家请到兰溪做评委，作为全国比赛的预演。此后，浙江省又承办了南方片的全国辅导员技能技巧比赛，并选拔优秀少先队辅导员在中央电视台进行了汇报表演。

探索是翅膀，助他飞上事业的高峰

为提升自己的理论水平与实践能力，给广大少先队辅导员提供一本开卷有益的参考书，傅忠道开始着手编写《一万个少先队活动》一书。历时3年，100余万字，分少先队思想教育、组织教育、劳动教育、科技教育等不同类别、不同地域，蕴含纯真的一万个少先队活动终于汇集在一起，让辅导员看了不仅可参照开展活动，还可举一反三。这是他在多层级少先队辅导员岗位上的累积，更是他潜心研究的结晶。傅忠道在书中写道：少先队活动是一支歌，是一首诗，是一门综合的教育艺术，活动是少先队的生命。

此后，傅忠道格外注重加强活动的规范指导和基层落实。"我为'七五'描星星""学赖宁，'八五'小星火行动"等深入到每个学校、每一个队员之中的活动，随之在浙江全面开花。他还和张杏云等同志一起主编了《我为"七五"描星星》《学赖宁，"八五"小星火行动》两本书。

1992年，由傅忠道策划和组织的首届"中国少先队辅导员与香港女童军工作人员野外联谊营"在浙江省临安县（今临安市）青山湖举行。这是香港回归前夕，第一次内地与香港少儿教育交流的里程碑式活动。这次交往也让两地少儿工作者彼此成了朋友，此后派员取经、交流教育方法，成了两地每年都要举行的重要活动之一。

思考是基础，奠定了他持续发展的厚重

1987年，他调入共青团浙江省委，任少年部部长兼浙江省少工委副主任，负责少先队工作。地位高了，责任重了，傅忠道给自己定下一个准则："说明白话，做明白事，当明白人。"此后，每年他至少半年时间深入基层。上任之初，他与来浙江调研少先队基础建设情况的团中央少年部干部一同下基层。考察"浙江少先队工作的'三面旗帜'"。他也逐一到这"三面旗帜"——杭州市十一中的"一九零中队"、临安交口的"少年科学院"和玉环坎门中心小学的"少年英雄林森火"中队蹲点调研，帮助他们排忧解难，使这"三面旗帜"又高扬了起来。

为推广经验，扩大影响，傅忠道与少工委一班人，在浙江椒江举办了"全国百个英雄中队经验交流会"，团中央少年部领导、中央团校少先队工作专家韩振东、《辅导员》杂志副总编陆士桢、上海《少先队活动》杂志总编章大鸿等到场观摩、指导，张爱萍将军还发来贺词给予鼓励。这一活动在全国少先队领域又燃起了创建英雄中队热潮。

地处浙江省临安县交口村的少年科学院开创了新中国少年科技活动先河，曾在亿万少年儿童中产生巨大影响。1961年，周恩来总理视察浙江时指示浙江省委："一定要把交口少年科学院这朵鲜花培育得更好。"为建设交口的少年科技成果陈列馆，傅忠道多次走访县委、镇委，请有关领导到基层视察。少年科技成果陈列馆建成后，临安县教育局破例为学校配备了科技辅导员，这也是全国首创。

在传承与发展"三面旗帜"的实践中，傅忠道看到了典型示范的巨大作用。从此，他格外注重挖掘资源优势，发现并培养典型。他曾与绍兴市少先队总辅导员章浩川、绍兴县（今已撤销）少先队总辅导员胡伯祖、鉴湖中心小学校长许炳松一起培育了少年徐锡麟文学社、少年鲁迅研究会、少年浙光印社、少年王羲之书画社、小海燕摄影俱乐部等五个少年艺术社团，以及农村72块劳动实践基地，并在全国少先队农村现场会上隆重推出。

傅忠道"上山"到99道弯的山顶村小，"下海"到只有一所小学的岛屿，"下乡"到偏远的农村小学，跑遍了浙江省各地区，在调研与思考中，不断发现培育少先队工作领域的典型，使五朵先进之花逐步绽放——

第一朵"榜样之花——英雄中队"。由浙江省少工委主办的全国百个英雄中队经验交流会在台州椒江区举办，有力地推动了全国英雄中队活动的蓬勃开展。

第二朵"艺坛之花——少年社团"。1989年4月，在全国少工委一届六次全委会暨全国农村少先队现场会上，重点展示了以绍兴县为代表的红领巾少年社团"五朵小金花"蓬勃发展盛况。

第三朵"科院之花——少年农科院"。在临安交口少年科学院影响下，浙江省相继有十家少年农科院诞生，涌现出小发明家、优秀小院长等全国十佳少先队员。

第四朵"团队之花——少年团校"。20世纪80年代末，浙江余姚县（今余姚市）成为全国第一个红领巾县后，率先开办了少年团校。傅忠道抓住典型，蹲点调查，组织浙江省少工委与余姚市江南中学联合编写出版了全国第一本"少年团校"教材。此后，"少年团校"在浙江省推广。

第五朵"军旅之花——少年军校"。1988年，在东海舰队子弟小学庆"六一"大会上，傅忠道向前来参加活动的时任南京军区副司令员、东海舰队司令员聂奎聚将军，汇报了创建少年海军军校的设想，得到了聂司令员大力支持，10月，全国第一所海军少年军校——东海少年军校成立。此后，浙江省办起了海、陆、空、警、民兵等各类少年军校400余所，其中大多是国内首创。

统筹是升华，完美了他事业辉煌的人生

1994年，傅忠道到浙江省团校任党委书记、校长。第二年，团中央提出了团校需集团队培训与青年教育于一身的"双重使命"。浙江青年学院应声而起，傅忠道任院长。

让少先队辅导员有相对集中的时间学习，提高理论水平，获得一定学历，能评上相应职称，是稳定队伍，发展事业的重要环节，也是亟待解决的问题。傅忠道利用浙江省团校这一教育平台，开始实施他长期谋划于心的计划：成立全国少先队辅导员培训中心、举办全国少先队理论培训班、开办浙江省优秀少先队辅导员"传帮带"培训班及辅导员教育专业大专学历教育、定期展开国际间的少儿教育经验交流、召开"面向二十一世纪的社会工作"国际学术研讨会等，一项连着一项关系到新形势下少先队工作发展的大手笔，环环相扣，使浙江省少先队辅导员从学历到科研，从职称到实操，在8年中上了一个新台阶。

在傅忠道的主持下，8年内完成了浩浩数千万字的青少年思想教育论文和书籍，昭示着浙江省团校科研的实力。傅忠道不仅是青少年思想教育研究的组织者，更是学术带头人。他主编了《少先队工作指南》《少先队基础知识问答》《少先队活动大全》《共青团基础知识1000问》《社区工作基础知识1000答》等共青团中央教材编审委员会的统编教材。他著有《少先队工作理论与实践》《青年教育新论》《傅忠道儿童诗文选》等16本书。同时，他在各级报刊发表论文、文章百余篇。2000年，傅忠道以其累累科研硕果和独到的青少年教育理论，拥有了研究员高级职称，并从工作一线退了下来。共青团浙江省委评价他：傅忠道在浙江省团校任职期间，开创了团校历史最好时期。

人格是保证，让他成功而快乐

傅忠道退居二线时，领导问他有什么要求，他仍是那句话："请保留我浙江省少工委副主任职务。"此后，他还担任了中国少先队工作学会社区委员会副主任，努力拓展队组织建设新领域，创造新的增长点，以课题研究为抓手，推动基层社区少先队工作的全面活跃。

"看得见、摸得着、留得住、用得上、传得开"是他指导课题研究的原则，精神成果与物质成果共现是他检验课题成果的标准。自2001年中国少先队工作学会社区少先队专业委员会成立以来，已出版《社区少先队多种模式课题研究成果集》两册，收录结题课题30余个，并成功地创建了10余个少先队社区活动阵地：在宁波市藤头村建立了综合型少先队社会实践基地，在绍兴县湖塘镇中心小学创建了越文化博物馆，在绍兴市越城区亭山小学创办了中国第一个红领巾博物馆，与厦门市少工委共同创建了中国少先队队歌纪念馆，在金华师范附小创建了中国童诗博物馆等。

傅忠道写过一首儿歌："我是一条小溪，大地涌出的乳汁汇集，浸润了燥热的田地,唱着丰收的欢歌……"他真如小溪一般辛劳、热情工作,不息追求。傅忠道是幸福快乐的,因为他为自己终生钟爱的事业而工作,为创造未来而追求;傅忠道是年轻的,因为他心中永远飘扬着一条鲜艳的红领巾。

(原载2011年1月《辅导员》,作者:杨坚康)

杨莉：为少先队员插上腾飞的翅膀

杨莉——"全国十佳少先队辅导员"称号获得者，曾任安徽省合肥市中市区（今庐阳区）少先队总辅导员。我与她是辅导员的同行好友，多次在全国少先队会议和活动中见面。她看起来很平凡，一个阳光、漂亮的人民教师，与少先队结缘后，她用执着不懈的努力托起了明天的太阳。

一个闪光的年历表

翻开杨莉的履历表，你会情不自禁为她一连串平凡而闪光的足迹喝彩！

1987年，她在一所合肥市的"乡村小学"——虹桥小学担任中队辅导员，接手了一个老师们都"见了怕"的中队。她有亲和力，从来不嫌弃任何一个孩子。她很快和孩子们打成一片，不久就了解了孩子们的兴趣点和不足之处。针对他们的实际，她精心设计开展了"祖国祖国我爱您""看看谁的红花多""学习小虎子"等主题队活动，组织了讲故事、课本剧等竞赛，成立了合唱、舞蹈、养蚕、棋类等兴趣小组。暑假期间，她带领队员们参加社会、街道、社区的宣传活动。学校缺乏活动场地，她家的十平方米多的小院和九平方米的小屋就成了孩子们的天地。功夫不负有心人，从此，"见了怕"中队变成"叫得响"中队。

杨莉不鸣则已，一鸣惊人！自从戴上了红领巾，和少先队结了缘，她的进步一发不可收。据不完全统计，10年间，杨莉指导的少先队活动在全国、省、市获奖上千个，她辅导的队员获得"中国好儿童""百名好少年"有49人，她所在单位少先队工作连续被评为"全国雏鹰行动先进单位""全国'双优'先进集体""全国读书活动先进集体""全国红领巾助残先进集体"等。由于她的事迹突出，她又被评为"安徽省十佳女教育工作者""安徽省三八红旗手"等。2000年12月，合肥市委、市政府评定杨莉为"合肥市专业技术拔尖人才"。

透过杨莉的成绩单，我们仿佛清楚地看到她在充满鲜花与荆棘的道路上奋进，在她挚爱的热土上开拓、耕耘。

一把神奇的金钥匙

杨莉深深懂得：谁能培养创造型人才，谁就能赢得未来。所以，她决心"不吃别人嚼剩的馍"，绞尽脑汁也要帮助队员们插上腾飞的翅膀。

在杨老师手里，有一把神秘的"金钥匙"，这把钥匙为她的少先队工作出了大力，立了大功。

她凭借合肥作为科技城的优势，大胆策划了"全国创造杯"竞赛中11个系列主题活动。即"访问科学岛""与科学家面对面"等活动；参观科技大学、安徽大学等高等学府；研学"粒子对撞实验室""防火模拟实验室""生命科学""精密仪器"的秘密；读一本科学书、做一项喜欢的小实验、做一件自制的小作品、设计一个小游戏、参加一次夏令营、提出一个小建议、举行一次小发明答辩会，等等。

每当杨莉看到队员们用稚嫩的小手展示自己的小制作时，看到他们的作品在市、省乃至全国获得"金点子"奖励时……她总是欣慰地笑，笑得那么灿烂，那么红光满面。通过活动，她悟出每个孩子都是一颗"金矿石"，"是金子总会发光的"，作为少先队辅导员，要用手中的"金钥匙"开启每个孩子的天赋金矿，这才是培养创造人才的必由之路！

一心为人的铺路石

1989年，杨莉被调至合肥市中市区教委，担任区少先队总辅导员，负责全区少先队的指导工作。此时的杨莉，没有架子，没有高高在上，反而俯下身子甘心做辅导员们的"铺路石"。大队辅导员们一提起她，也都引以为豪，亲切地称她是"知心朋友"。

是的，杨莉当过中队辅导员、大队辅导员，她最能体会到基层工作的艰辛，也知道年轻人少先队知识与经验不多，一切要从头学起，边学边干。为此，她坚持了一月一次的辅导员学习制度，同时，有针对性地举办了各种类型的技能技巧培训班。比如，"雏鹰行动""辅导征文""技能竞赛""活动一招鲜""家长学校新思维"等培训班。杨莉为帮助少先队辅导员们开眼界，长见识，凭借自己的交往圈，组织辅导员们赴北京、上海、广州、深圳等地参观考察，带领他们参加全国、省、市的少先队理论培训。杨莉经常在双休日去学校参加活动或者指导参赛节目，有几次高烧不退，她也没有爽约。

辅导员们都愿意和她说说真心话。什么"后院起火"呀，"遇到委屈"呀，"生活困难"呀，等等，都要去找杨总。杨莉总是为他们送去"灭火机""春风细雨""万能钥匙"，甚至亲自找学校领导协商辅导员的住房、职称、待遇等问题。当工作中遇到矛盾时，杨莉从不徇私情，公平处理，让那些自由主义、不顾大局、患得患失、闹不团结等苗头，消失在萌芽之中。

曾经，偶尔有个别辅导员曾产生过"太累了""没意思"等想法，现在却像变了个人。他们说："教委领导时时处处在关心我们，培养我们，不好好干谁也对不起，跟着杨总干工作，越干越有劲！"辅导员们以杨莉为榜样，努力工作，努力学习，踏着她的"铺路石"在星星火炬的大道上乘风破浪，勇往直前！

后来，杨莉"手把手"带出来的一批一批少先队辅导员，陆陆续续走上学校领导岗位。这些都让杨莉感到自豪，更加憧憬未来！

（作者：张小春）

邱孝感："一生只做一件事，要把它做好！"

我与福建的邱孝感老师是好友。在全国少代会、井冈山培训会、全国少先队活动比赛、全国少先队工作学会的年会等活动中，我们接触过很多次。在我心目中，他是个有热情，有思想，有智慧，有勇气的"硬汉子"式的少先队辅导员。

1969年邱孝感参加教育工作后，在基层学校先后担任少先队大队辅导员、副校长职务。1990年，他晋升为福建省少先队总辅导员，他的"邱总"绰号被大家亲切地叫了起来，他自己也以"邱总"为荣，从此还坚定了一个信念："一生只做一件事，既然做了，就要把它做好！"他说到，也真的做到了，用情怀塑造了"四种类型"的不一般的少先队辅导员形象。

第一，他是"情感型"辅导员。一个出色的少先队辅导员首先要具备浓厚的情感。别看邱孝感有魁梧的"男子汉"身材，他还有天生的人文情感。他撰写的《亲情"四舍五入"》，热传于广大读者，更迷倒了辅导员群体。书中阐述的"四舍五入"为：一舍忽视、二舍包办、三舍溺爱、四舍专制，一入微笑、二入对话、三入陪伴、四入尊重、五入感恩。细细品味"四舍五入"里的9个关键词，在所有人的生活中，所有少先队辅导员的工作中，皆有所用，皆有所感。

"知心姐姐"卢勤谈起辅导员的"热情和热忱"时，提笔写了这样的一段话："有史以来，没有任何一项伟大的事业能够离开热忱。假如我们每一位辅导员都能发挥自己生命的潜能，都能唤醒孩子们心中沉睡的巨人，那么，我们少先队的天幕上，定能星光灿烂，无比辉煌！"邱孝感何尝不是这样的辅导员呢！

跟邱孝感共事多年的同事都说他是"为少先队而生的"。不错，邱孝感历时30多年，完整地梳理出来自福建省各地的一大批少先队的宝贵文献资料，足足用90个铁皮柜、20个纸箱存储着、珍藏着，还有千余册有关少先队的图书。假如没有一种对少先队极度的热忱能做到吗？在少先队建队70周年之际，他收存的这些队史资料、奖章、照片、图书，被放在福建省革命历史博物馆陈列展示。2019年"福建省红领巾博物馆"筹建，他把全部珍藏的资料捐献出去。

第二，他是"体验型"辅导员。体验就是亲身去做，就是实践。"看到的记忆不深，听到的容易忘记，只有亲身体验的才刻骨铭心，终生难忘。"这句带有诗意的话就是对"体验"一词的生动诠释。

记得在江苏参加的一次全国少先队辅导员培训会上，进行到辅导员展示活动的环节时，邱孝感带领他的团队走上舞台，用各种肢体语言配合优美的音乐，真实地展示了少先队员活灵活现的童真、童趣，震惊全场，赢得热烈掌声和欢呼声。

邱孝感经常深入学校，走到孩子中间，辅导少先队员开展体验活动。在福州华南实验中学，针对中学思想政治课的改革，他改变单纯"以书为本"的传统，改变上课方式，采用"户外游戏为主、学生自讲为先、师生互动为重"的"三为"授课法，初步形成了"学生上讲台，家长进教室，专家到班级"的新模式，深受学校师生和家长的欢迎。

第三，他是"研究型"辅导员。毛主席在《实践论》里说："理性认识依赖感性认识，感性认识有待发展到理性认识，这是辩证唯物论的认识论。"毛主席的观点，也适用于少先队工作。

邱孝感是个有思想的人，凡事都要思考。他通过少先队工作发现真理，证实真理，发展真理，沿着实践、认识、再实践、再认识的规律，循环反复以至无穷，而每循环一次，就会进入高一级认知。最终，他撰写成文，推出研究成果，据说他曾在不到一年的时间里，就编撰出版了23万字的《少先队书库》。

他先后发表了200多篇有关少先队教育的文章，出版了《中国伟人的故事》等10余本60多万字的书籍。他撰写的书籍、论文4次获全国、5次获省级的奖励，他编写的《学会生存》《金色摇篮》等书籍，获全国少先队工作学会"九五"科研成果优秀奖；他撰写的《关于搞活少工干部体制的探索》论文获全国少先队工作学会"九五"科研成果三等奖；他撰写的《少儿思想道德教育现状调查及对策》等论文连续五年被福建省少先队工作学会年会评为一等奖。

他出版的书到底有多少？这么说吧，他家中书稿叠起来有2米多高。他的著作"亮丽红领巾"丛书，已成为指导各基层辅导员开展少先队工作的专业用书。这套丛书还成为"新思想，新福建，新成就"2020年福建省社科界学术年会分论坛的礼物。

第四，他是"创新型"辅导员。"福建有个邱孝感，少先队工作屡创新招。"——外省同行都是这样评价福建少先队工作的。

邱孝感在少先队组织建制上，首创了中队"双轨制"；在活动育人上，首创了红领巾思想教育、劳动创造、阵地建设的"红绿金"三色工程；在队伍建设上，首创了"吸纳制""驻会制"等。他的理论思考和实践努力，都获得了同行的推广。

多年来，民办学校的少先队一直薄弱。邱孝感在广泛调查福建省民办中小学基础上，起草了《加强民办学校少先队建设》的方案，把民办校与公办校同等对待，极大激发了民办校少先队组织建设的热情。全省100多所民办学校都做到了有辅导员、有少先队、有活动、有阵地和有制度的"五个有"。

为改变少先队辅导员队伍"青黄不接"的状况，2002年春节，他起草了一份近万字的《福建省青年辅导员培养计划》，全面论证了新世纪青年辅导员人才培养的走向，并总结了"蓝图篇""导师篇""新星篇"三大板块的实施方略，提出了少先队辅导员队伍建设的总架构，整合了教育资源，组建了一支有实力的导师团。

针对未成年人思想道德建设，邱孝感创建了福建少先队系统的"晨光计划"，突出了"弘扬和培育民族精神"的核心理念。在操作流程上，实施了七个子计划，即：走进历史——红色感动计划；走进心灵——橙色闪光计划；走进家庭——黄色温馨计划；走进学校——绿色和谐计划;走进社会——青色健康计划;走向世界——蓝色探索计划;走向新起点——紫色激励计划。

回顾邱孝感"四种类型"辅导员的工作经历,不难看出他是真正的少先队辅导员"硬汉子",他敢于承诺,也敢于担当。"一生只做一件事,要把它做好!"他始终践行着自己的诺言。

(作者:张小春)

用"数字"看刘益珍少先队工作之精彩

我第一次见到刘益珍是在 1993 年。那是一次《辅导员》杂志组织通讯员到内蒙古的考察活动。一周的时间里，让我大开眼界，认识了许多少先队领域中的名人和各地优秀少先队辅导员。

从那次内蒙古之行结识刘益珍后，我们经常沟通联系。她是一个乐于助人、聪慧热情的好人。刘益珍 1980 年师范毕业当上了小学教师。因为她天性活泼，爱唱爱跳，又长得年轻靓丽，学校把她推到少先队大队辅导员岗位。从此，她把学校的少先队工作开展得有声有色，受到多方好评，自己从此深爱红领巾事业，一干就放不下了。

提起刘益珍的少先队工作如何精彩，可以用"数字"一一讲来，她的工作特点往往和数字紧密相连。

"四部合一"。1984 年，刘益珍被调到南昌市少年宫，担任活动部部长兼少先队总辅导员。所谓的"四部合一"即：刘益珍将她在少年宫的工作谋略定位在"示范部、参谋部、信息部、理论部"，而她自己就是这"四部"中的普通一兵。在少年宫期间，她以"头雁"精神引领着南昌市学校的少先队工作。

"多项第一"。她在少年宫主持少先队工作期间，创下了南昌市乃至江西省少先队工作发展史上的"多项第一"：创建了第一个南昌市红领巾理事会；建立了第一本南昌市少先队档案管理簿；创办了第一所南昌市少先队队长学校、少年军校；组建了第一个南昌市少儿小记者团等。

"135 结构"。为了让少先队活动由表演化向规范化发展，刘益珍果断提出了开展活动的"135 结构"，即，一个主题、三项设计（内容、形式、名称）、五个环节（主题的规范性环节、队员的参与性环节、串词的衔接性环节、布置的情景性环节、表述的生动性环节）。这个"135结构"在相当长时间里影响着南昌市学校少先队工作的实践和少先队理论的研究。

"三面向、三注重"。在少先队活动由规范化向自动化发展阶段，她提出了"三面向、三注重"的原则，即：面向全体、注重个性；面向童真、注重情趣；面向知识、注重实践。这些原则与素质教育的精神相吻合，又结合了少年儿童的身心发展实际，获得很好的教育效果。

"六个一点"。随着形势发展，少先队活动在自动化基础上向自主化阶段转化，刘益珍大胆提出了"六个一点"的要求，即，角色广一点、过程多一点、感受深一点、社会知一点、阅历增一点、情感升一点。能做到这"六个一点"，少先队活动的吸引力大大提升，效果大大增强。

"一场大讨论"。在基层少先队辅导员的眼里，刘益珍是少先队活动专家。她曾把基层辅导员提出的问题改编成小品剧，在南昌市少先队员中围绕"什么是自护，怎样自护"等问题，展开了一场观看后的大讨论。讨论中大家迸发出的"机智、谋略"火花，一串比一串亮。她率领江西少先队员参加第四次全国少代会"环保小博士"论坛，小代表以身边发生的"该不该吃青蛙"为线索展开了激烈的辩论。孩子们纯真的语言、天真的童趣、科学的幻想，使与会者赞不绝口。

"三个字点子"。大家都认为刘益珍搞活动的点子可以用三个字概括，那就是"新、奇、特"。在刘益珍眼里，处处都是开展活动的资源。在农村操场上，少先队员玩的陀螺、铁环，刘益珍把它们变成活动的道具；一个英模事迹的报告会，刘益珍把它开成了"答小记者问"；普普通通的圆形巧克力，刘益珍用来做了活动奖品——金牌。

刘益珍的红领巾人生非常出色，在少先队活动的园地耕耘了一辈子。一分耕耘，一分收获，她实现了自己的人生价值，多次被评为全国、省、市优秀少先队辅导员、全国少儿"双有"活动先进工作者，还获得全国一级"星星火炬"奖章、全国少先队工作突出贡献证书等荣誉,并出席了第四次全国少代会。她撰写的《班主任工作大全》《少先队活动朗诵诗》等著作正式出版发行。我们仅从她工作中的以上几个数字,就能感受到她的生命因红领巾事业而丰富多彩。

(作者:张小春)

郑延和：回首激情岁月的往事

那是 1967 年底，贫下中农协会主席郑重地对我说："延和啊，根据你在村里的表现，大队决定让你去农中当社办老师。你要听毛主席的话，好好地为贫下中农服务，把孩子教好。"

在那个特殊年代，能被推荐成为一名社办老师，那真是喜从天降。当时我激动得不得了，起身表示："一定听毛主席的话，跟共产党走，认真上课，全心全意为贫下中农的孩子们服务！"从那时起，我与教育工作、可爱的孩子们有了一辈子的不解之缘；我的生活轨迹和人生历程也与教育事业紧密联系在了一起，再也没有分开。

1971 年 9 月，因工作成绩突出，我不仅由社办教师转为公办教师，而且被直接分配到山东省烟台市掖县（今莱州市）城关公社第二联中任音乐教师，并负责掖县学生毛泽东思想宣传队工作。

说心里话，当时我连脚踏风琴都不会弹，怎么能上音乐课呢？这不是开玩笑嘛！压力之大难以言表，但我有个"人家能咬下来，咱就能啃下来"的倔强性格，相信没有天生知之者。我遵照毛主席的指示，发扬"下定决心，不怕牺牲，排除万难，去争取胜利"的精神，勤学苦练脚踏风琴伴奏法。功夫不负苦心人，我终于学会了一般歌曲伴奏方法，满足了课堂教学需要，受到学生的拥戴。

1978 年 8 月，掖县教育局成立重点小学，热爱团队工作的我主动报名，从公社教育组调入城关小学担任了学校的第一任少先队大队辅导员。从此，我把自己对党教育事业的忠诚、对红领巾事业的挚爱，化为了每一天、每一刻的努力奋斗。从理论到实践很快形成了完整的体系，也为少先队组织恢复后的发展做出了成绩。

这期间，我在少先队工作上做出了 20 多个首创性的工作：

在山东省第一个恢复"中国少年先锋队"光荣称号——1978年9月4日,我在城关小学率先把"红小兵"恢复为少先队,比全国恢复少先队组织早了一个多月。(1978年10月27日共青团十届一中全会作出了《关于恢复中国少年先锋队名称》的决议。)

在山东省第一个规范队前教育内容——1978年10月13日,我率先规范了"五会八知道、两能一做到"的队前教育内容。

在全国第一个创建"友谊校"——1980年3月5日,我校与北京吉祥小学结为"友谊校"。

....

这些"第一个",得到了来掖县参观的山东省内外少先队辅导员、少先队工作专家的认可和赞誉。全国著名少先队工作专家张先翱教授,在2006年授课时对我校首个建立"友谊校"评价道:"全国'手拉手活动'的鼻祖就是掖县城关小学郑延和搞的。"

1983年7月,山东省农村少先队工作现场会在掖县召开。城关小学作为主会场,我还以《努力开创农村少先队工作的新局面》为题作了汇报,其中我首创的少先队的"八大制度""三大阵地"、校级少代会、规范化主题队会、少先队员代表汇报工作等经验在山东省得到了推广。

1983年8月,组织任命我担任掖县城关镇中心小学第一任校长兼党支部书记,紧接着在1984年7月我又被调到教育局,任掖县教育局团委书记、县少先队总辅导员,负责全县学校共青团、少先队工作。我带领全县的团员、少先队辅导员风雨同舟,用智慧和汗水创造了具有掖县特色的学校团队工作。"全国红旗团委"的称号也因此花落掖县教育局。

1989年4月,我作为唯一的县级少先队总辅导员在全国农村少先队工作现场会上作了《依靠农村优势开拓少先队工作新领域》的典型经验发言。

从此,莱州市(掖县)的少先队工作也成了全国、山东省的先进和典型,来自全国各地学习参观的同行、专家络绎不绝。1992年9

月,组织调我参与创刊《山东少年报》,担任《山东少年报》总编室主任、主编。当时其他五位编辑,都没有学校工作的经历,连什么是少先队活动都不清楚。在这种情况下,我和他们边工作边传授有关少先队的知识。很快,《山东少年报》从版式到栏目,从体裁到内容,从色彩到插图,从思路到实践都得到了小读者的赞扬、辅导员的认可,为山东省少先队事业的发展尽了应有力量,获得了领导和同事的好评。1996年1月,因为父母身体的原因,作为家中独子,我不得不返回家乡。组织安排我担任莱州市教育委员会副主任,至2001年12月退居二线。

我退居二线后,亲朋好友向我道贺:"忙活了大半辈子,该享享清福了。"正当有单位高薪聘请我去任职的时候,莱州市教体局、共青团莱州市委领导找到了我,开门见山地说:"现在莱州市少先队辅导员队伍新手多,希望您能再辛苦一下,担任莱州市少先队顾问,带一带年轻同志。"组织上信任我、需要我,何况又能回到孩子们中间,我二话没说当场答应了。

我觉得干部可以退居二线,但作为一名共产党员永远没有二线,有一分热就要发一分光。在莱州市少先队工作会议上,当我接过教体局领导颁发的"莱州市少先队顾问"证书时,激动得不得了,少先队顾问的担子咱挑定了!

为增强少先队辅导员工作的针对性,我还创新形式,积极开展社会调查。通过对队员、辅导员、老教育工作者、校长、家长五个层面的调查,了解队员们所思、辅导员所期、家长所盼,系统掌握了少先队工作的第一手资料。

少先队事业是党的事业,离不开社会各界的共同关心和共同参与。为了团结大家的力量,发挥更大的社会效益,我把调查近百人的莱州市关心下一代志愿工作者的建议、讲课的题目,向各部门汇报,向各个学校推荐,为全市中小学生开展专题辅导讲座提供了宝贵的资源。

退休后的十几年里,我比在职的时候还要忙:各位校长和各级团委、教育局的领导不嫌弃我,经常出个题目,邀请我到学校为少先队员、家长讲座，邀请我到省、市、县、区主办的培训班为团队工作者、辅导员讲课，加入"五老"队伍开展志愿服务……我忙得不亦乐乎。

熟悉的人见我退休后每天忙忙碌碌，干得热火朝天，都不理解。有的还当面问我："局里每月给你多少钱？""一分钱没有。""什么？一分钱不给？那你退下来不好好休息，整天为别人的孩子白忙活，图什么？"我说："居家过日子过的都是孩子的日子，家家忙活的是孩子，国家的未来也属于孩子。我不图什么，图的就是让更多的孩子健康成长，尽好我一名老教育工作者的义务和责任！"

我年轻的时候就想，"一个人不能什么都行吧，但是多一点行总可行吧"，所以长期的少儿工作使我养成了一个"爱学技能"的习惯。比如，讲故事、猜谜语、做游戏、画画、剪纸，甚至吹拉弹唱等，我多少都能来两下。不论做什么工作，有针对性的知识和技能学得越多，工作的底气就越足，基础就越厚实。

我发现小小的魔术能有效地促使孩子去思考，最大限度吸引他们的好奇心、注意力。于是，我把魔术和讲座有机结合起来，收到了意想不到的教育效果，也因此，孩子们给了我"魔术师爷爷"和"开心郑爷爷"的称号。

我是63岁开始学电脑的，这中间还有一个小故事。

2009年，在北京参加全国建队60周年座谈会时，我认识了河南一个叫邵川哲的小女孩，她是全国优秀少先队员，被我的小魔术、小故事、小游戏吸引住了，和我结成了"忘年交"。分别后，孩子要给我发电子邮件，可我不会电脑，影响了我们的交流。于是，我从学打字开始，下决心学起了电脑。就这样，点点滴滴积累，我终于学会了电脑。在我64岁那年元旦，我又学会了制作PPT课件，这让我如虎添翼，从此做讲座的课件再也不求别人了。

对少年儿童进行"听党话，跟党走"的教育，一直是我的主责主业。为此，我还把它融在自编的天津快板《唱唱农村新变化》中，引导队员们感悟"党的惠民政策好"。我一边播放课件，一边请他们随着我一起唱：

说起咱农村，变化可真大，排排整齐砖瓦房，电灯和电话。
空调加冰箱，彩电墙上挂，外出探亲有轿车，收种机械化。
反季鲜菜果，鸡鸭和鱼虾，饭菜经常换个样，吃啥就有啥。
衣服穿时尚，分清冬与夏，银行存款多得很，钱包鼓得大。
西服配领带，手机包里挎，农民形象不再土，个个都潇洒。
看病新农合，种地给钱花，惠民政策多得很，农民乐开花。
村村通油路，方便千万家，社会主义新农村，城乡一体化。
人人讲文明，社区亮如画，绿水青山环境美，不比城市差。
……

当唱到最后一句"改革开放好，金桥早已架，高举红旗跟党走，幸福满天下。高举红旗跟党走，幸福满天下！"时，现场总会沸腾……

回顾我的一生，无论走到哪里，在哪个岗位上，红领巾始终是我心中的牵挂，因为红领巾是红旗的一角，照亮的不仅是自己的人生，更是一个又一个孩子的纯洁心灵。

回首历经的那一段段激情燃烧的岁月，我终生难忘。党和人民赋予了我光荣而艰巨的任务，把孩子托付给我，我就永远要做培育祖国花朵的热心人、做孩子健康成长的知心人、做少年儿童工作的用心人，让信仰点亮人生，为事业砥砺前行。

（作者：郑延和）

皇甫鸿昌：当好"永远的红领巾"

退休不退岗，奉献不停歇

红领巾是中国少年先锋队队员的重要标志，它的政治含义是红旗的一角，是革命烈士的鲜血染成的。上小学时就是少先队中队长的皇甫鸿昌，于1959年在河大附中读高一时又被学校团委选聘为学校初中部的少先队辅导员，成为当时全市最年轻的少先队辅导员，这也是他当少先队辅导员的起点。后来，他当中队辅导员、大队辅导员、总辅导员，退休后当志愿辅导员，少先队辅导员他一干就是半个多世纪。

2004年，当皇甫鸿昌从开封市教科所所长岗位上退休时，面临的是干什么、怎么干的选择。"当时我的理念是热爱星星火炬事业痴心不改，研究少先队教育孜孜不倦；我的想法是宁在忙中忘老，不在闲中等老！"皇甫鸿昌告诉记者："因此我主动找活干，先后受聘担任省内外30多所中小学的志愿辅导员和德育顾问，我和在职时一样，把全部心血都献给了红领巾事业。"

退休以来，皇甫鸿昌坚持做到三个育人，即：报告育人、写书育人、活动育人。为中小学师生作专题报告260多场，听众12万多人次。他的报告内容有《光荣的少先队》《怎样当好少先队辅导员》《永远关爱红领巾　为党培养接班人》《创建英雄中队　传承红色基因》《开展社会主义核心价值观教育》等。他还制作了数千张卡片，记录英模感人事迹和优秀活动案例，使讲课内容更加生动、充实。

为了深化社会主义核心价值观教育，皇甫鸿昌主持了团中央批准的全国第一个"英雄中队"研究课题，主编了全国第一本关于"英雄中队"创建活动的理论专著《光荣的英雄中队》。在采访编辑这部书的日子里，皇甫鸿昌和他的团队，先后访问了60多位英模人物，行程6万多公里，采访了全国100支"英雄中队"。查阅了2000多万字的文字资料，邀请90多位领导、少先队工作专家、英模人物为书稿提出意见和建议，六易其稿。2011年4月，此书由中国少年儿童新闻出版总社出版，奉献给了广大少先队辅导员。《辅导员》杂志社社长兼总编辑柯英在无锡举行的全国少先队辅导员爱党教育培训班和《光荣的英雄中队》首发式主持词中说："皇甫鸿昌老师用心血与汗水，总结了'英雄中队'创建活动的经验与成果；用残疾的双腿丈量出了'英雄中队'的发展轨迹。"

为了宣传党的教育方针和社会主义核心价值观，针对少年儿童的年龄特点和接受能力，皇甫鸿昌编写了《党是太阳我是花　积极宣传十八大》《高举队旗跟党走　从小当好预备队》《大眼睛看河南　争当中原好少年》《"五老"牵手红领巾　共圆美丽中国梦》4个专题儿歌共80多首。这些儿歌朗朗上口、易读好记、押韵和谐、便于传唱，把"大道理"变为孩子们容易接受的"小道理"，把"有意义"的活动搞得"有意思"，这些儿歌由河南省小樱桃动漫集团配图出版发行，受到了广大少年儿童的欢迎。

传递正能量，带头学英雄

一个英雄就是一面旗帜，一个英雄就是一座丰碑，一个英雄就是一段历史，一个英雄就是一个先锋。习近平总书记指出："一个有希望的民族不能没有英雄，一个有前途的国家不能没有先锋。"在退休后，皇甫鸿昌带领儿子、孙子和孙女参加全国"火炬引导我前进"夏令营，赴上海一大会址、韶山、井冈山等革命纪念地，让星星火炬在自己家里代代相传。

"英雄中队"是少先队的品牌活动，是对少年儿童进行爱党教育的重要载体，也是皇甫鸿昌几十年一直研究的课题。他坚持指导中小学创建"英雄中队"并不断出新成果。先后指导河南省内外中小学创建了"焦裕禄中队""毛岸英中队""任长霞中队""雷锋中队""国旗中队"等30多支"英雄中队",使创建"英雄中队"活动成为点亮青少年心灵的火炬。"让孩子们从英雄的故事中感悟英雄精神、学习英雄精神、传承英雄精神。"皇甫鸿昌说,"让他们从英雄的故事中得到情感的共鸣、心灵的洗礼、精神的升华、成长的激励。"

少年儿童如何学英雄?"从'小'字入手。"这是皇甫鸿昌的观点。"在学校'日进一步',在家里'日尽一责',在社会上'日行一善',人人争做向上向善好队员。"皇甫鸿昌说。

焦裕禄是县委书记的榜样,更是离开封少年儿童最近的身边英雄。少先队员怎样学习焦裕禄?皇甫鸿昌把焦裕禄长子焦国庆聘为工作室志愿辅导员,并多次到焦国庆家中听他讲当年焦裕禄教育他们的故事,比如,"不能看白戏""从小爱劳动""不能比吃比穿""县委书记的子女不能搞特殊"等,"零距离"感受焦裕禄好家风,结合现在少年儿童的学习和生活实际情况,总结出了"学习焦裕禄 五比我进步"活动模式,受到少先队员欢迎。

关爱下一代,举旗跟党走

关爱下一代,就要为孩子们办实事做好事。带着对特殊儿童的关爱,皇甫鸿昌多次到特殊教育学校,参加孩子们"无声的入队宣誓仪式",亲自为聋哑儿童戴上鲜艳的红领巾。汶川地震发生后,他从电视新闻中看到灾区的孩子们没戴红领巾,就买了1000条红领巾寄往灾区,让孩子们戴上红领巾,增强战胜地震灾害的勇气和信心。在全国"英雄中队"联谊活动中,皇甫鸿昌又赠送500条红领巾;在"全国红领巾积分行动"中,他5次带头捐款,还为韶山小学捐建"红领巾积分教学楼"。凡是皇甫鸿昌指导的"英雄中队"命名授旗,他都给队员们赠送《英雄中队光荣册》、儿童读物和红领巾,现已经成为传统。退休12年来,皇甫鸿昌用自己9万多元的退休金购买了少先队活动用品、辅导员用书,赠送给革命老区的少年儿童和辅导员。

2013年隆冬,皇甫鸿昌应邀参加由共青团河南省委、河南省教育厅、河南省少工委联合组织的"河南省少先队工作大调研",为河南省委出台加强少先队工作文件提供依据。在河南省十几个市、县、区的20多场座谈会上及10多次问卷调查中,他总是详细询问、认真记录、用心整理,写了2万多字的调查笔记。调查结束后,由皇甫鸿昌执笔,3天撰写了1.1万多字的《河南省少先队工作调研报告》上报河南省委。2014年6月,中共河南省委出台了《关于加强少年儿童和少先队工作的若干意见》,省委发文指导少先队工作,这在河南省少先队历史上是第一次。

在皇甫鸿昌看来,培养年轻辅导员是自己义不容辞的责任。他倡导少先队辅导员要具有一辈子精神、争第一精神、人梯精神、蜜蜂精神、科学精神,影响了一代又一代辅导员。2014年10月,皇甫鸿昌创建了河南省首家少先队名师工作室,名为"永远的红领巾——皇甫鸿昌少先队名师工作室",现已涉及226所学校,带动2038名大中队辅导员。

为服务好少先队,带好辅导员,皇甫鸿昌将积累50多年的少先队研究资料毫无保留地贡献出来;开展少先队导师带徒活动,聘请全国著名的少先队教育专家担任导师,让"徒弟"从导师手中领悟"真经",让"永远的红领巾"团队精神薪火传承。

老有所为的皇甫鸿昌被评为"全国离退休干部先进个人""全国育人模范""全国十佳少先队志愿辅导员""河南省关心下一代先进工作者""河南省未成年人爱心保护大使"等。"成绩只能说明过去,新的工作任重道远。"皇甫鸿昌笑着说,"我的决心是:'五老'责任记在心,立德树人是根本;高举队旗跟党走,永远当好红领巾!"

(原载2016年《汴梁晚报》,作者:汪元蒙)

情系"芳草地"的陈嵩山

在少先队辅导员中,流传着这样一段话:包罗万象的大社会里,少先队是一片纯净的芳草地,少先队员是那茵茵绿草和芬芳小花。在这块芳草地里耕耘,做一个灵魂纯洁的园丁,才能无愧于胸前的红领巾。

河南省郑州市少先队总辅导员陈嵩山就是这样一名园丁,在这片芳草地里默默耕耘。从当年的风华正茂到华发苍苍,他把自己的青春和才华、心血和汗水、情和爱,无悔地奉献给了这片芳草地。

奋力攀登人生的每一个台阶

1951年8月,陈嵩山从郑州市师范学校毕业,背着简单的行李,来到郑州市第八区大孟砦小学,成了光荣的人民教师,并于1953年担任该校少先队大队辅导员,开始了持续40余个春秋的辅导员征程。

作为一个郊区农村学校,大孟砦小学的少先队基础建设几乎是一无所有。面对如此艰苦的工作条件,陈嵩山没有迷茫,更没有退缩。他发动少先队员开展"变废为宝"活动,碎铜烂铁、破布烂套、废纸、玻璃瓶,只要能换钱的,见啥拾啥。就这样攒钱买了1面大队鼓,4面小队鼓。村里又帮忙买了1面大队旗和24个腰鼓。有了队旗、队鼓、腰鼓,少先队的活动就丰富多了。陈嵩山带领队员们举着队旗、敲着队鼓,上街宣传党和政府的各项方针、政策和法规,获得了良好的效果。

1954年,陈嵩山调往南十里铺完小任大队辅导员,细心的他联系当时正在贯彻农业"八字宪法"的情况时,想道:既然是农村学校,少先队活动就应当在"农"字上做文章,不如创办一个"红领巾饲养场"。他带领高年级队员到南五里堡牛奶厂平整土地,将挣来的50元钱,买了一只母羊和十来只家兔。他号召队员们"上学一把草,回家一篮肥",队员们人人一只篮子,上学路上拔一把草,放到"红领巾饲养场"喂羊喂兔;放学回家拾一篮肥,帮助家里积肥。不到两年,一只母羊变成了有十来只羊的小羊群,小小的饲养场初具规模,给队员生活增添了许多乐趣。另外,队员们帮助家里积肥,家长也格外高兴。

1962年,作为郑州市优秀少先队辅导员,陈嵩山被选调进城后又到南学街小学担任起大队辅导员的职务。从农村的黄土地走进繁华的省城,从一个普通农村学校来到市重点学校,陈嵩山又一次面临着人生的考验。他没有丝毫的胆怯,相反,胸中涌动起青春的热浪和求战的激情,满怀信心地要把工作干得更加出色。他从学习入手,如饥似渴地博览群书,摘录、剪辑资料,然后分门别类装订成册,并取名为"英雄谱""芳草地""纪念日""格言录""星星火炬""革命传统""伟大祖国""我们爱科学"等。他还经常到共青团郑州市委和兄弟学校请教、观摩。勤奋的学习使陈嵩山开阔了思路,增长了才干。他在南学街小学辛勤耕耘了22年,使该校少先队工作呈现出前所未有的大好局面。

1978年"六一",少先队事业又迎来了光明。陈嵩山重新拿出珍藏了多年的星星火炬队旗,在郑州市率先恢复了少先队组织……他那闲不住的大脑又在飞快地运转:新时期少先队活动必须具备新特点,那么,该如何开展活动呢?

1980年初,陈嵩山看到一份号召种花种草、美化环境的文件,他一下子找到了灵感。一个集学科学、爱劳动、美化环境为一体的"一人一盆花"活动在南学街小学展开。陈嵩山亲自到公园拜养花专家为师,还聘请专家做校外辅导员,到学校向队员们传授各种种花养花的知识。队员们种花养花的热情高涨,种的花多半成活了。陈嵩山因势利导,把"一人一盆花"活动又扩展为"中队有园地,班班有花坛,一人一盆花",学校每个中队都成立了养花小组。在家长的支持下，全校种花发展到 100 多个品种，800 多盆花。看着满园的鲜花，一个新的设想又在陈嵩山脑海里形成了——举办"南学街小学花节"。11 月 1 日那天，队员们都把自己养得最好的花送到了学校展览，又把园地、花坛精心修整一番，整个学校真成了个大花园：各种各样的花朵迎风绽放，争奇斗艳，热闹非常。全国著名少先队工作专家张先翱闻讯后专程从北京赶到南学街小学观看花展。他高兴地说："这种活动既培养了队员学科学、爱劳动的优良品质，又美化了环境、陶冶了情操，符合新时期培养人才的方向，的确是个好活动。"张先翱写了多篇文章，把南学街小学的先进经验推向了全国。

难以割舍的爱

陈嵩山从踏入少先队这片芳草地开始，就用自己深切的爱浇灌着每一朵心灵之花。他把自己所有的真情真爱全都倾注到了那些可爱的"芳草"上。

即使自己身处逆境，他也没有忘记一名少先队辅导员的责任，没有忘记要尽自己最大的努力使那些嫩草鲜花尽可能地健康成长。

"文革"期间，陈嵩山被错误地批判，受尽委屈。可他始终没有忘记对孩子们的爱，没有忘记自己的神圣职责。

1968 年的一天，陈嵩山在区里挨了一上午批判，中午回到家里，没顾上吃饭就又习惯性地走进了学校。他实在是放心不下呀！一进大门，就听见房顶上一阵响动，接着房瓦被噼里啪啦地扔下来，有一块差点砸在他身上。他未加思索，立即对着房子高声喊："谁在房上？快下来！"

房上有个学生"哈哈"一笑："人家都批判你了，你还管？"

陈嵩山毫不退让："批我可以，可瓦有什么罪？你们把瓦揭了，再上课坐到院里吗？要想批我，下来批吧。"一席话竟把那些天不怕地不怕的学生们说走了。

这些孩子毁坏教舍的行为虽然被陈嵩山制止了，可怎样使这些心灵遭受毒害的孩子重新走上健康发展之路，却成了陈嵩山的一块心病。

陈嵩山苦思良久，终于琢磨出了一个好办法。他把这些好事爱动的孩子吸收进他的体育队里，每天一早一晚带着他们练田径，打篮球，不让他们放任自流，还利用休息时间和他们谈心。有个叫贾长城的学生，曾在大会上批判过陈嵩山。陈嵩山耐心地问他："长城，你在会上批判我的都是真心话吗？"

"啥呀！都是他们写好稿让我念的。"

陈嵩山语重心长地说："少先队员要诚实，只有从小对人诚实，长大才会对祖国忠诚。"两人越谈越投机，后来竟成了好朋友。贾长城后来参了军，并加入了中国共产党。那些好事爱动的孩子也纷纷走上了正道，成为对社会有益的人。

夕阳无限好

1984年，陈嵩山离开了南学街小学，调任郑州市少先队总辅导员。此时的陈嵩山，身为全国优秀少先队辅导员、全国少年儿童先进工作者、一级劳模，河南省及郑州市人大代表、河南省少先队工作学会副会长，可以说是功成名就了。况且他年过半百，也是该歇歇了。可是，陈嵩山不这样想，他说："党组织把全市60万少先队员交给我，我决不能辜负党的重托，我要和全市辅导员一起，把郑州市少先队工作提高到新的水平。"

不知疲惫的陈嵩山以自己踏实细致的工作实践着自己的诺言。他经常深入到郑州市六区六县的街道、农村、厂矿、山区学校调查情况，指导工作，从加强少先队基础建设和提高辅导员素质入手，全面改善队的工作。他率领全市少先队辅导员，从适应新时代对新型人才的需要出发，卓有成效地组织开展和参加了多种活动，使郑州市少先队工作进入了空前活跃、蓬勃发展的新阶段：

1985年，全国创造杯竞赛活动中，郑州市夺回46项奖杯，荣获全国优秀组织奖；

1986年，河南省奋飞杯达标竞赛，郑州市夺得82个奖杯，全省第一；

1989年，郑州市万名少先队员在绿城广场举行升国旗仪式，请当时的河南省领导为少先队员授旗，郑州市市长主持大会，产生了强烈的社会效应；

1990年暑假，郑州市红领巾代表团远赴云南前线，慰问保卫祖国边疆的英雄。10月份，云南前线部队派出英雄代表团回访郑州，在郑州市少先队工作的史册上，写下了难忘的一页；

1992年，陈嵩山和郑州市城东路小学的少先队员一起，前往数百里外的汝阳县十八盘村小学，开展城乡"手拉手"互助活动。城东路小学还成为团中央评选的"手拉手"活动全国十佳之一；

1993年"六一"期间，郑州市红领巾科艺博览会隆重开幕，近3000件小创造、小发明、小工艺、书法、绘画、标本展品充分展示了郑州市少先队劳动实践教育活动的丰硕成果。

…………

在陈嵩山心中，郑州市少先队工作永远是一块需要不断开拓耕耘的芳草地。然而岁月不饶人。在郑州市第二次少代会上，他因劳累过度病倒，人们才发现他患有心脏病；在河南省少先队工作学会第四次年会上，他的腿疼得不能走路，大家才知道他有关节炎；他那日渐明显的满头华发也在告诉人们：他已是花甲之人。即便如此，当市委、市政府决定要为"四桥一路"的建设者办点实事的时候，他毫不犹豫地组织了由73名建设者的子女组成的"雏鹰欲飞"夏令营，顶着烈日出征了。一路上，为了让队员们在活动中开心、安全，为了让"四桥一路"建设者们满意，陈嵩山操碎了心。他饭吃不香，觉睡不安，组织安排不敢有懈怠。在北京看升国旗，他凌晨4点就得催孩子们起床；在南戴河游玩，他抱着孩子们上缆车，溜滑100米高的大沙坡。7月14日夏令营圆满结束。当最后一个孩子被家长平安接走之后，热、累、病猛然间一齐向陈嵩山袭来，他再也无力迈动双腿。

"老牛明知夕阳短，不用扬鞭自奋蹄。"陈嵩山与少先队这片芳草地的不了情缘，注定了他将会把他的生命和汗水全部倾注在这片芳草地上。他就像鲁迅先生借以自喻的"孺子牛"，用辛劳、热血和汗水铸起辉煌灿烂的人生……

（原载 1996 年第 2 期《辅导员》，作者：冯颖林）

王征东的少先队"金点子"

1951年六一儿童节时，一批小学生聚集在广州中山纪念堂，参加他们人生中第一个庄严的仪式——成为新中国广州市第一批中国少年儿童队队员。10岁的王征东，便是其中一员。当辅导员为他系上红领巾的那一刻，王征东激动的笑容溢满红扑扑的笑脸。没想到的是，王征东自此戴了一辈子红领巾，把一生献给了星星火炬的事业，而且在工作中不断闪现独具特色的"金点子"。

一

2010年10月，在王征东的策划下，广东工业大学信息工程学院15名志愿者，兴致勃勃地来到广州市东风西路小学。这15名志愿者就是东风西路小学聘请的少先队校外辅导员，前来与队员们一起开展一次"大手牵小手，快乐迎亚运"少先队活动。

这一活动的形式是大学生和小学生一起做游戏。在游戏之前，作为广东省少先队工作学会副秘书长的王征东给大学生们上了一堂辅导课。王老师讲述了大学生校外辅导员的可行性、必要性和特殊性。鼓励大学生校外辅导员将志愿活动开展成为广东共青团的一个品牌项目，建设一支能真正服务少先队员的队伍。大学生们听后很受鼓舞。时隔十年多又重新戴上了红领巾，他们感到了童心跳动，明白自己已经长大。

参加游戏的共有八个中队，但每个中队的游戏各具特色，无一相同。无论什么游戏，无论哪位校外辅导员带领，都使人感觉到：大学生看到眼里、记在心里的是那些少先队员天真可爱的童真童趣。在王老师建议下，大学生们跟少先队员们建立了长期的联系。因为现在的青少年触网率很高，不仅家里有电脑，学校建了网站，而且一些队员还公开了自己的博客，在线上，队员与大学生辅导员"手拉手"，更有利于他们互助互学。

二

"少先队有一个非常重要的任务就是培养少年儿童对党和社会主义祖国的朴素感情，这是最根本的，也是最有挑战性的。"王征东认为：6到14岁，正是少先队员的年龄段，对他们要强调这样的朴素情感，是比较难入手的，不可能一下子就赢得他们太多的理性认同。王老师还发现，一些小学的入队仪式流于形式，既没有对学生进行队前教育，帮助学生了解队史、队知识的基本内容，也没有严格的入队仪式。针对这些现实情况，王征东老师设计了一个名为"小徽章"的少先队活动，有效地解决了这些问题。

在开展"民族精神代代传""红领巾心向党""祖国发展我成长"等主题队活动的基础上，将爱国主义、社会主义和党的领导三者有机统一，通过争得一枚枚富有特色的"小徽章"争章活动，调动孩子们参与活动的积极性，不断增强他们对党和社会主义祖国的朴素感情。

在活动中王征东还发现，意识能不能灌输，能不能获得孩子们的认同，关键在于是否遵循少年儿童的心理、情感发展规律。王征东总结了"小徽章"活动的经验，证明了采用"小徽章"的形式，完全可以灌输社会主义核心价值观的"大道理"，并且通过面向少先队员抽样调查显示：100%受访少先队员认同"没有共产党就没有新中国""认为自己热爱祖国，立志做建设祖国的栋梁"，为此还备感自豪。

三

2000年王征东退休后，依然没有离开少先队。他先后担任中星小学、东风西路小学的少先队工作顾问。他为少先队奉献了一辈子。

王征东组织开展的少先队活动，大都能闪现"金点子"光彩。

比如，他开展的"我爱校前一条街"，使得"小手拉大手"活动产生了全国影响；他设计的"让红领巾在互联网上飞扬"，使得队员们的"QQ群""博客群"在网上活跃起来。

　　王征东把一生献给红旗巾事业，也得到广大少先队员和辅导员的崇敬和爱戴。

（作者：张小春）

黄永腾：快乐"孩子王"的一、二、三、四

我是广西壮族自治区钦州人，1955年16岁初师毕业自愿"支边"，到当时"老、少、边、山、穷"的防城各族自治县当小学教师。1999年到龄退休。退休后仍留在防城，继续为青少年教育事业奉献余热。

在60年的经历里，我坚守一个信念：永远做一个快乐的"孩子王"，把一生献给红领巾事业。在60年坚守奉献的征途中，我有乐，也有苦。下面我用"一、二、三、四"回顾我60年走过的足迹。

坚守60年的"一个"承诺——师范毕业时，我向组织承诺：到祖国最需要的地方去，在边境当一辈子教师。在过去的60年里从没忘记。我谢绝了不少好机会。我有过机会转行，有过机会调离，有单位给优厚待遇，有地方给我更多权力，但是，我始终舍不得离开我的红色教育事业，舍不得离开我承诺的防城边境。为什么？因为在我最困难的时候，国家给我助学金，把我送进师范学校，在师范的三年里，党培养了我，我向党组织承诺过"当一辈子教师"，这个承诺我一定坚守。

我干得最如愿的有"两项"工作——60年里，我最爱干的是少先队辅导员和班主任工作。我觉得，我干这两项工作并从中找到了快乐，实现了我的理想和抱负。工作中，我有更多机会接近少年儿童，更深入了解少年儿童，更好地去教育引导少年儿童健康成长。后来，我晋升为学校副校长，但是我依然不放弃少先队，兼任着大队辅导员工作。退休后，我先后在26所基层学校担任少先队校外辅导员。

在"三所"学校工作都有收获——60年来，我先后在那垌村小学、那良中心校、防城镇第二小学工作过。不管在哪一所学校工作，我都一心一意为那所学校出点力，作贡献。但是，我在每所学校都有

不同的经历，让我获得了不同的收获。

20世纪50年代，在条件十分艰苦的那垌村小学工作时，锻炼了我的坚强。60年代在那良中心校经历了"文化大革命"，磨炼了我的意志。80年代在防城区第二小学工作，改革开放的好时代，让我体验了创新的快乐。

"四刀不倒"让我幸运——60年里，我先后做过"四次"不同的手术：因声带长期损伤做了声带息肉手术；因为在学校排除安全隐患时被钢筋头刺伤，做了鼻中隔黏膜摘除；因直肠增生做了手术切除；最痛苦的是做了恶性细胞肿瘤的手术。做声带手术时，我最担心的是手术失败，使自己失去声音，永远离开教师讲台。这次手术让我开始认识到健康对工作是多么重要。鼻中隔黏膜摘除后，我就失去了嗅觉，春天闻不到花香，吃饭闻不到菜香，朋友们都为我感到惋惜。"太不值得了，为了一截钢筋头，造成终生遗憾。"但我反复想：为孩子安全的事不是小事，你不做，我不做，出事就是我们大人的错。自己受伤了，但学生安全了，想到这些，自己心中的伤感遗憾就渐渐被欣慰所代替。

1994年患上恶性细胞瘤，是我有生以来第一次面对生死。我手术后，又放疗、又化疗，头发掉了，整个身体只剩下快要垮下来的骨架。在治疗期间，我咨询了有关医护人员，知道治疗恶性肿瘤目前的办法是药物控制，没法根治。再活三年五年是最乐观的估计。面对现实，我决定：躺在病床上挨日子没意思，趁着现在自己还能动就回学校做点工作还有意义。所以，医生计划要我治疗7个疗程，我只治了3个疗程就回学校工作了。医生们都说我是"最不守纪律的病人"。

出院5年后，我出差到南宁时顺便看望我的主治医生。见面时，医生很惊讶地问："你是怎样治疗的？"我说："出院后，往往工作忙了就忘了自己是病人，忘了定期复检，忘了吃药治疗。"我这样说，并不是要否定药物治疗，我只是认为：人一生免不了有时会病痛缠身，特别是老人。当自己有病时，要敢于面对，意志的力量和乐观的态度对治病会起到药物达不到的特殊效果。

动了四次手术，特别是切除恶性细胞肿瘤手术后，我仍然不停工作，同事们给我起绰号"四刀不倒"。其实，每一次手术都给我带来很大的损伤。现在，周期性偏头疼，习惯性地腿抽筋，耳鸣严重多了，嗅觉失去了……幸运的是我没让自己倒下，还在为教育做事，我用乐观的态度一直坚持工作。

人的志向各异，各有不同追求。有人追求高职得到重任；有人追求高薪享受富有；有人追求高寿延长生命；我追求的是高兴心态，永远拥有！做未成年人的教育工作是我人生最大的爱好，为了我高兴的追求，要永远尽力做一个名副其实的"孩子王"！

（作者：黄永腾）

李仁厚的队活动"秘籍"

李仁厚同志让我有两个"吃惊"。

一是"吃惊"她名字像男性,常被误会,没有一个陌生人敢说这是个女性,其实她是个快人快语、阳光开朗的"半边天"。她告诉我这个名字里寄托着长辈的希望,那就是做一个仁慈、厚道的人。长辈的希望她须臾不忘,更用生命践行着长辈的希望,真心做一个仁慈、厚道的人。二是"吃惊"她是一个中队辅导员。因为她的少先队理论水平高,出版了《班队活动使用手册》等著作发行全国;她的少先队论文《略论少先队的情感教育》等相继在《辅导员》《教育研究》发表;她担任中国青少年研究中心的特约研究员,指导成都市27所学校子课题的实践研究;她全程策划了"团中央全国农村少先队活动推进会",并成功举办了"花乡孩子爱花乡"主题队会;她创造性提出了少先队"三个经典系列"的思路(红色经典、绿色经典、蓝色经典),亲自实施,收效突出;她荣获了"成都市优秀少先队辅导员标兵""全国优秀班主任"等多项殊荣,并在北京中南海受到党和国家领导人的亲切接见……如此多的成果出自最基层的中队辅导员难道不令人"吃惊"吗?

李仁厚不仅是一个教育实践者,更是一个教育理论家。单说李仁厚的少先队理论,恐怕要写几本专著。下面简而又简地谈谈她的少先队活动"秘籍",让大家开开眼界,长长见识。

"秘籍"之一"带谜探索"。带谜探索就是启迪少先队员带着神秘的问题去探索,闯入未知的领域去求知,从而使他们在浓厚的兴趣驱动下,不断地有所发现、有所作为、有所收获。李仁厚老师说:"许多道德认识要通过生动形象的活动才能形成。在活动中,什么是真、善、美，什么是假、恶、丑，孩子们通过比较、鉴别、感受，往往十分真切、实在，印象深刻。"为此，她大胆以一个字为主题，开展了一个"带谜探索"式的活动。

活动开始了，孩子们一看见黑板上写了一个很大的"猜"字，一下子就活跃起来。猜什么呢？这时，辅导员把队员分成四个临时小队，给每个小队布置了"猜"的任务，按照不同地点去猜猜辅导员叫你们到这里来干什么。大家立即行动起来。

第一小队来到学校旁边的建筑工地，看到的只是破砖烂瓦，感到莫名其妙，摸不透辅导员叫大家来这里的心思。仔细看，认真猜，大家恍然大悟："这里的砖头原来堆得好好的，是咱们的同学调皮搞得乱七八糟的。""辅导员让咱们想想这样破坏公共财物对不对。"大家越说越激烈。

第二小队来到槐树下，看到因刻划被扎得皮开肉绽的树干，心里难过极了。

第三小队在操场墙边看到了被个别同学乱涂乱画的墙壁，非常气愤。

第四小队在厕所旁看到由于有的同学舞棍摇壁，土掉砖落的情景，不住地谴责。

各小队回到教室后，踊跃地揭秘了老师要自己猜的内容。有不文明行为的队员听了"猜"的揭秘后，惭愧地低下了头。辅导员因势利导进行了文明行为和爱护公物的教育，队员们立即提议马上用实际行动去改正。辅导员点点头，但她已经想好，下次的队活动继续再"猜"，要叫大家猜猜是谁把这些地方打扫干净、修复完整的。

"秘籍"之二"小题大做"。曾听到不止一个辅导员说：跟孩子们一起搞活动，走到大街上，人家都叫我们是"孩子王"；有的人还说，这简直是"小题大做"。其实，在辅导员工作中，这种"小题大做"恰恰十分正常，甚至非常必要。《现代汉语词典》中解释说：拿小题目来做大文章，比喻把小事当作大事来做，这就叫"小题大做"。

情感是心灵的窗户，它既在学生认识的形成和发展过程中起着催化的作用，又是衡量学生道德水平的一个重要标志。李仁厚说："如果说高效熔炉能炼出纯钢，那么，辅导员开展丰富多彩的活动正是为了陶冶孩子们美好的情感。"她举了一个"小题大做"的活动案例。

有位辅导员看见孩子过"六一"时那么兴高采烈，情趣盎然，总想跃跃欲试施展一下自己的本领。辅导员把这个看来司空见惯的小事放在了心上，为什么不创造更多的机会把孩子们藏在心底的热情点燃起来呢？辅导员想来想去决定"把小题做成大文章"，决定搞十二个"中队儿童节"，一个月过一次。有"球节""化装节""雪节""书节""花节""友爱节""尊师节""发明节""远足节"，等等。"球节"到了，队员们就去开展各种各样的球类比赛。他们之间互相帮助，团结战斗，增强了他们爱集体的情感。在"化装节"里，每人化装成自己最崇拜的人物，并且在春光融融的节日里，向大家说出自己的心愿。节日那天，小静穿上妈妈年轻时穿的旗袍，上身罩了一件红毛衣，一看，就知道扮的是江姐。还有人装扮成秋瑾、卓别林、邓亚萍、董存瑞以及春秋末期的晏子，等等。大家都谈了为什么崇拜这些人物以及怎样学习这些人物。这次"化装节"陶冶了孩子们热爱美、创造美的情操。"书节"激发了孩子们争做"小书虫"的积极性……几年过去了，十二个"中队儿童节"像磁石一样吸引着孩子们，激励着他们对美好事物的追求。

"秘籍"之三"反题正做"。对于少年儿童中的一些不良习惯不宜单纯采用"禁止"的办法，而要采用疏导的方法，把不利因素巧妙地转化为有利因素，以达到坏事变好事的教育效果。这就是"反题正做"。

李仁厚说："对孩子们进行教育，由知到行的转化是最根本的转化，而活动对于这种转化往往构成强大的推动力。"她还讲述了一个"反题正做"的活动案例。

有些孩子受流行歌曲影响，模仿一些怪声怪气的腔调，唱些不适合儿童年龄的歌曲。辅导员发现后，立即组织讨论"什么才是我们心中的歌？"，通过讨论，大家豁然开朗，初步认识到只有健康的歌曲，才能使人奋发向上。可是，有些孩子在学校不唱了，在校外仍然唱。辅导员想，队员们喜欢唱、喜欢跳是天性，所以他们只是迫于集体压力，才在校内不唱了。于是，辅导员引导和鼓励队员们成立了"天鹅音乐舞蹈协会"。队员们自订章程，吸收会员，派出代表到市歌舞团学舞，到少年宫学唱歌，请家长教电子琴，组织音乐欣赏，排练节目，搞得十分活跃。一个多月后，这个"协会"在班上举办了汇报演出。婀娜的舞姿，如花似锦；悠扬的琴声，不绝于耳……演出之后，"天鹅音乐舞蹈协会"会员倍增。以后，他们还为小同学、残疾人、老年人演出，得到了广泛的称赞。从此，那些怪声怪气的腔调，妖里妖气的舞姿渐渐消失了。

李仁厚为这个案例点评说：反题中的负面因素是明显的，一眼就看得出来，要找到正面因素就难了。辅导员要学会"一分为二"看问题，只有懂得如何透过现象看本质，才能充分利用好"反题"中的积极因素，发挥正面引导的作用。

难道李仁厚老师只有这三个"秘籍"吗？不！不！她的少先队活动"秘籍"很多很多。比如，形式不一样的集体活动：《幸福的十岁生日》《我有一个美好的名字》《父辈的期望》《中秋话甜》《和警察叔叔共建文明交通》《未来环城带的设计师》……这些活动有动有静，情景交融，都包含她的活动"秘籍"，都能给孩子们留下不可磨灭的印象。比如，为培养队员热爱祖国的情感，她设计了一个《啊！妈妈》活动。从队员们讲自己的妈妈开始，通过辅导员引导："我、你、他有一个共同的妈妈，她是谁？"队员们齐声回答："是祖国！"这种"启发引导"就是她的"秘籍"。李仁厚说："辅导艺术犹如琴师操琴一样，要触动队员的心弦，刺激之、兴奋之、鼓励之、安慰之。"这句话道出了她的少先队活动"秘籍"。李仁厚强调"开展活动的重要条件"时说："精心拟订计划、坚持队员自主、重视实践指导、教师以身作则、取得各方配合。"这些字里行间都能找到她的活动"秘籍"。

当然，活动"秘籍"离不开创新，李仁厚常把"创新"二字挂在嘴边，她说："创新是国家强盛、民族发展的灵魂，少先队活动既要继承，更要创新！"她退休后，参加少先队研究和指导千余次，更注重从认识的高度、理论的深度上下功夫，使少先队在创新中不断发展。

无论是台上演讲，还是台下交流，年轻辅导员对李仁厚无不折服。

（作者：张小春）

周晓群：终生当一名少先队辅导员

周晓群已经退休了，但她仍坚持活跃在基层少先队大、中、小队组织建设和活动开展的指导之中；仍坚持活跃在对各级少先队辅导员的培训中；仍坚持活跃在对全国少先队周晓群名师工作室成员及基层少先队名师工作室的指导之中……她坚持的动力来自她的誓言：我有一个"野心"——终生当一名少先队辅导员；我有一个"遗愿"——我与世长辞时，脖子上仍然系一条鲜艳的红领巾。她痴情不改，践行着她的承诺。

走入子弟学校

1977年4月26日，仅上过4年学的周晓群从铁路建筑工程队调入子弟学校——原铁道部第二铁路工程局贵阳第一小学，任一年级班主任。于是，她回想自己小学时任中队长的经历顿悟："要用少先队辅导员的角色去当好班主任！"不久，她就把一个让领导忧心、老师烦心、家长担心的班，变成了大家称赞的爱学习、爱劳动、守纪向上的中队。

就在这时，学校让周老师担任大队辅导员。她无法割舍自己的中队，哭着央求领导："请同意我不当大队辅导员，就让我当中队辅导员吧！"

领导没同意，她只得挑起大队辅导员这副担子。在随后的11年中，她经历了学历提升、理论学习、技能掌握、方法研究、与人相处，还学会了用妙招化解工作中的尴尬等。她这只仅有小学四年级学历的"丑小鸭"，就这样自信地朝着"白天鹅"行列飞翔。

她拼命读书，发奋学习，恶补因"文革"耽误的学业；她四处拜师求教，寻找少先队工作的方法；她千方百计争取参加铁路局甚至铁道部，贵阳市甚至贵州省以及团中央所举办的各级各类辅导员培训班。尤其是在1983年，她参加了"全国少年干部第三期培训班"在中央团校为期三个月的培训后，她从事少先队工作的视野被打开了，专业理论及专业知识被吸收，专业情感被激发，开始痴迷于少先队大队辅导员的工作。于是，她数次婉拒了上级对她提干调动的机会，把学校少先队大、中、小队当成了她潜心于少先队工作研究、实践的阵地，一步也舍不得挪动。

11年中，学校少先队大队连续三年荣获铁道部"先进集体"称号，124人的大型鼓号队享有贵州省"一级免检"盛名，她的第一篇论文《浅读少先队主题队会表现形式的选择与更新》发表于1986年《贵州教育》杂志。

再回中队岗位

随着铁道系统职称改革开始，"高一级职称，要多不少工资呢！"老师们议论纷纷。可周晓群没理会，仍埋头苦干，指导少先队工作。有领导找她谈话："小周啊，你语文教得不错，晋升语文一级教师，工资可以高出不少哦。你就当语文教师，别再干少先队啦。"她当即婉谢领导好意说："没关系……只要能当大队辅导员，我宁可不要职称。"

不久，她阴差阳错地被调离了辅导员岗位。

但是，她始终没放弃回学校干少先队的念头。1989年9月她主动申请重回学校，担任了一（3）中队的辅导员，实现了她"重回中队岗位"的夙愿，继续甩开膀子干起了中队辅导员工作，全身心扑在一年级的养成教育、队前教育、入队教育的实践探究上。

"今天我当小队长"是她队长轮换制研究中组织的精彩活动，为每个队员提供了为集体工作、为队员服务的机会。"敬礼，火红的队旗！"是一（3）中队原创活动。在建队纪念日那天，中队旗手组成出队旗姿势，每个队员上学来到队旗前，要整理着装，戴好红领巾，立正面向队旗敬标准队礼，然后进教室。这个仪式性活动让队员牢牢记住"人民利益高于一切"的队礼含义。

在1988年全国少先队辅导员"五会"技能"萧山杯"大赛中，周老师获综合项目的优秀奖和"会演讲"项目第一名。她在"会游戏"项目中的活动设计"巧运南瓜"被收录在全国少先队辅导员进修学校教材中。至此，她收获的不仅是对中队辅导员工作的新感悟，更是对少先队大队工作的思考。

重操大队旧业

后来，周晓群又以副校长级别重新回到中铁五局一小大队辅导员岗位上，持续探究少先队组织从"建起来""活起来"到"强起来"的发展路径。她坚持每周一次为中队辅导员做专业培训，以微讲座、案例分享、实操演练、微经验传播等方式开展中队建设，促进了中铁五局一小少先队活动常态开展并精彩不断。

她所辅导的少先队大队再度荣获"铁道部学赖宁先进集体""全国铁路美育之花""全国红领巾读书读报先进集体"等称号；连续四年获全国"心中有祖国，心中有他人""双有"教育先进集体称号；她本人也获得了铁道部少先队"十大杰出辅导员"称号，并出席贵州省、铁道部的团代会。1994年，她所在的学校成功承办了贵州省少先队"雏鹰行动"现场会。同年年底，她出席了全国"跨世纪青年人才群英会"并荣获群英奖章，在人民大会堂受到党和国家领导人接见。这一年，她撰写的《想做什么就做什么》主题活动报告等三篇文章发表在《少先队活动》杂志上。她也在这一年晋升为小学高级教师，并出席了在厦门举办的"华夏园丁大联欢"活动。

1995年，她被评为"全国优秀少先队辅导员"；1996年，她获得全国一级"星星火炬"奖章。1999年起，她正式受聘于贵州省团校客座教授，对贵州省各期辅导员培训班轮流做《怎样当好一名少先队辅导员》《少先队活动的设计与开展》《少先队标识标志的正确使用与礼节实操》《少先队游戏活动的开展》《少先队小家务与阵地建设》

等主题培训。

2001年，她因少先队教育和品德课教学成果突出被贵州省政府授予"特级教师"称号。至此，她更加注重于德育尤其是少先队教育的科学研究。

2004年，她与中国少先队第一教授张先翱、江苏省少先队总辅导员华耀国等同为贵阳市少先队辅导员授课，并策划、出题、组织了贵州省少先队辅导员风采大赛。在赛后又负责选手集训的组织、辅导，夺得"全国少先队辅导员风采大赛团体"第一名，再度为贵州少先队添上光荣的一笔。

1990年起至2000年，她已成为贵阳市各区不少学校少先队教育培训的首选教师，并承担省、市小学教师继续教育课程培训、参与部分教材内容的编写等。同时，她将少先队教育与品德课程结合起来进行研究，奠定了少先队教育课程化的基础。在这10年中，她曾几次放弃升职调动的机会，坚持留在学校做一名少先队辅导员。

担当总辅重任

2005年，她被正式聘为贵州省少先队总辅导员，之后被聘为贵阳市少先队总辅导员。这一年，她获得中铁五局集团"优秀管理人才""贵州省未成年人保护工作先进个人"称号，并出席了第五次全国少代会，受到了党和国家领导人的再次接见。

2007年，她任贵阳市南明区实验第三小学校长兼党支部书记。虽然她的工作担子加重了，但她始终坚持指导本校少先队开展《小学生良好习惯的养成教育的细与实》的研究，将道德教育融入少先队员的好习惯养成的训练之中。至此，她的视野已从本校少先队教育促使队员发展，拓展到贵州省乃至中华少年的教育之上。

在2000年后，周晓群仍围绕少先队教育、品德课教学，少年儿童的养成教育等课题研究并撰文，分别获区、市、省各级科研成果奖、各类论文奖，并在《辅导员》《贵州教育建言》等期刊上发表文章。她作为少先队、德育工作专家，还受聘于贵州省教师教育学校、贵州教育学院、贵州大学、南明区教师发展与资源中心，为贵州省的校长、教导主任、骨干班主任、少先队辅导员做德育及少先队工作的专题培训。作为特级教师和专家评委参与对特级教师的评比。

从2001年至2005年，她又两度放弃了到深圳和宁波工作的机会，仍坚持留在贵阳，做她挚爱的，也是她一生眷恋的红领巾事业。2008年，在小学幼儿园职称还未与全国职称等级连通之前，她就获得了贵州省为小学中特别优秀的教师特别设立的"小中高"职称（小学里的中学高级教师职称）。2009年，她再获"贵州省名师"称号，并获共青团中央、全国少工委授予的"全国少先队工作突出贡献证书"。

退休发挥余热

2010年6月，周晓群在参加完第六次全国少代会后，载誉退休。但是，她退而不休，继续发挥余热。她将大部分精力投入到对贵州省、贵阳市少先队工作的调研、培训、活动指导之中。2015年，她参加完第七次全国少代会后，在贵州省少工委领导下，再度深入基层少先队组织，尽可能走进基层学校帮助学校解决团、队工作之需。

2016年初，贵州省少工委下文，以少先队的礼仪礼节考评为切入点，开启了对全省中小学少先队组织的大规模实地调研及现场指导工作。周晓群带领四个考评小队，历时近一个月，分别走进贵州省12个市（州）及直管县（市）。考评前强调不允许推荐学校，被考评各中小学不需要准备，尤其不准故意准备相关纸质资料，只呈现原有工作状态即可，逐步形成了考评一校，指导一校，即完成调研一校的工作模式。

在《少先队改革方案》颁发的2017年，全国少工委颁布了"首届少先队名师工作室"，"周晓群少先队名师工作室"名列其中。从此，她带着工作室全体成员，迎来了全国少先队工作学会该年度少先队科研课题发布的机遇。共青团贵州省委、贵州省教育厅、贵州省少工委领导高度重视，争取到了"贵州省少先队基层组织全覆盖的实践研究"全国少先队科研重点课题的立项成功。为了让为期仅一年的课题研究走实、走深、有效，周晓群撰写了《贵州省少先队基层组织全覆盖的实践研究组织建起来操作手册》（以下简称《手册》）《贵州省中小学召开少代会工作范本》（以下简称《范本》），并带领课题组及工作室相关成员为《范本》设计了相关工具，完善了《范本》的内容和形式，为课题的按期顺利进行提供了少先队专业的支撑。为了使课题目标的达成更具针对性，她还设计了五个子课题。在课题开展的一年中，周晓群与领导、课题组专家，尤其是工作室成员，通过基层一线参研的辅导员们，在四个样本实验点所涉及的1327所中、小学中分别开展了实践研究。课题结题评审专家组给予了课题很高的评价，一致认定课题为"优等"，并报中国少先队工作学会顺利结题。

但是，周晓群并没有停下前进的脚步，从课题研究的后期开始，她就围绕八个课题目标的达成及五个子课题研究的需要，开始对贵州省辅导员培训所需的课程进行创新设计。

2020年10月，她离开贵州省少先队总辅导员岗位，继续策划、设计，并带领少先队辅导员们参加"队前教育及分批入队实施流程研究"，将"红领巾奖章"评价体系带入其中，完成了"十知六会一做"微辅导活动的方案文本、活动呈现准备，交由贵州省青少年融媒体中心制作完成。为贵州少先队实施分批入队，全面且规范、有意思地开展队前教育提供了具有操作性和可检测性的专业支撑，还为基层少先队辅导员实施辅导工作减轻了负担。

退休后，周晓群在贵州省、贵阳市少工委的领导下，亲自带领贵州尤其是农村的一批又一批少先队辅导员走出大山，走出小城镇，走进井冈山和北戴河培训基地，走进少先队工作开展先进的其他省、市，走进全国少工委、《辅导员》杂志社等现场学习、观摩，帮助辅导员们学先进，开眼界。她还推动贵州省少工委与贵州大学联办"乡村教师进名校——西部农村少先队辅导员贵州国培班"，邀请少先队工作专家前来授课；2017年，她指导的刘晖、常玉琴、张筱芸、汤全永、董莉媛五位辅导员代表贵州省参加在西安举行的"学习党的十九大精神专题培训班暨全国辅导员风采大赛"获得5个项目全部的一等奖，为贵州少先队辅导员的专业发展添上了亮丽的色彩。

2020年，在参加完第八次全国少代会后，她又以《中共中央关于全面加强新时代少先队工作的意见》重要精神、习近平总书记关于少年儿童和少先队工作重要论述之深刻内涵学习为主要内容，将"从立德树人教育高度看中小学少先队工作的重要性"一课带入对中小学党支部书记、校长及少先队辅导员培训的课程。从"有了学校，为什么还要建立少先队"这一问题开始，她带领参训者在了解党史、中国少年儿童运动史、当今教育优势及困惑的情况及案例中探寻，直观感知"党是先锋队，团是突击队，队是预备队"的党团队关系。

时光斗转星移，转眼45年已经过去。周晓群从走入子弟学校大门当上中队辅导员那一刻，到当大队辅导员，再当中队辅导员，再回到大队辅导员的岗位，后来再成为副校长、校长级别的大队辅导员，成为贵州省、贵阳市兼职少先队总辅导员、贵州省少工委副主任……无论在哪一个岗位，她最在意的就是"少先队辅导员"这个称谓！

（作者：全国少先队周晓群名师工作室）

徐吟鹂：情献少先队　心系红领巾

从一名乡村女教师到云南省少先队副总辅导员，徐吟鹂始终耕耘在希望的田野上。年近七旬的她如今依然坚守她热爱的红领巾事业，制订规划、到校蹲点、调查研究、策划活动、培训讲课，继续发挥着一团火精神，践行少先队辅导员"传帮带"传统，让星星火炬代代相传。

1970年，21岁的徐吟鹂在云南省玉溪市红塔区黄草坝小学开始了她的教育生涯。从那个时候起，她与教书育人结下了不解之缘，在地处山区的黄草坝小学，她和孩子们摸爬滚打在一起11年，带领他们挖药材、扎扫把、编撮箕、做秤杆……用勤工俭学的钱解决他们的课本、学习用品的费用。为了改变山区孩子的学习条件，让他们不再在牛圈顶上读书，徐吟鹂多方奔走，终于建起了一所有三间教室、一间厨房、一间宿舍的学校，这所学校也终于有了围墙和篮球场。11年里，她送走了7个小学毕业班，没有一个孩子失学，并创造了黄草坝女孩子入学最多的纪录。

1981年8月，徐吟鹂从山顶的黄草坝小学调到了山脚下的黑村小学任教，兼任少先队大队辅导员、科技辅导员、教导副主任等工作。在黑村小学工作的4年间，徐吟鹂结合农村学校实际，组织队员们开展以小种植、小养殖、小科研、小发明、小制作为主要内容的少先队"五小"活动。把少先队活动同农科实践活动相结合，提高他们的科学文化素质，培养了农村孩子的创造精神。

之后，徐吟鹂被调到玉溪市教育局工作，担任了玉溪市少先队总辅导员。进城工作的她，心里始终牵挂着农村的孩子们，如何开展好农村少先队活动成了她最关心的问题。她将黑村小学的经验运用到了新的工作岗位上,并赋予了新的内容:每个少先队员都必须在少先队科技活动中学习一项实用技术,参与以小种植、小养殖、小咨询、小采集、小加工、小实验等为主要内容、以培养能力为主的"小星火计划"科技活动,目的是使他们将来无论在哪里都脚下有路。

徐吟鹂在基层工作数十载的履历让人肃然起敬:1985年被评为云南省先进少年儿童工作者;1987年被评为全国优秀青少年科技辅导员;1990年被评为全国优秀少先队辅导员;1999年被评为第二届"全国十佳少先队辅导员";2005年荣获首届"云南省终身少先队辅导员奖";2009年荣获共青团中央、全国少工委授予的"全国少先队工作突出贡献证书"。

2004年,徐吟鹂退休了,本该颐养天年的她,为了下一代的事业,刚办完退休手续,就相继被玉溪市关工委和共青团玉溪市委、玉溪市教育局聘为玉溪市少先队总辅导员和学校教育组副组长。"舍不得孩子们,丢不下这份工作。"退而不休的她又开始了繁忙的少先队工作。

作为玉溪市少先队总辅导员,多年来,她注重少先队辅导员队伍建设,在共青团玉溪市委、玉溪市少工委的支持下,进行了少先队辅导员工作情况调研,举办少先队辅导员培训,编写了《玉溪市少先队工作调研文集》,指导各县区认真开展培养少年儿童对党和社会主义祖国的朴素感情的有效活动,总结各县区开展少先队养成教育、少先队科技实践活动的成果。14年来,共培训辅导员2200人次,到各县区、学校进行少先队知识讲座、"三生教育"讲座,家庭教育讲座230多次。经过多方奔走努力,把乡镇级少先队总辅导员任命为学校教导副主任,纳入由人事部门认定的学校行政班子,落实了少先队辅导员的政治待遇和经济待遇,极大地激发了少先队辅导员的工作热情和积极性。

如今,在学校和少先队重大活动中,在夏令营里,依然能看到她的身影。她已连续组织了12届关爱夏令营活动,做了12年"营长奶奶"的她收获的是孩子们的爱与信任。她组织的"全国少先队抚仙湖夏令营""少先队民族团结教育活动"等在全国引起了良好的反响。

(原载 2017 年《云南日报》,作者:陈怡希)

桑布：藏族少先队辅导员中的优秀代表

桑布，是一个土生土长的藏族优秀少先队辅导员。

他1949年2月8日出生在西藏日喀则市亚东县上亚东乡如兵岗村，从小失去父母，和唯一的姐姐相依为命。坎坷的成长经历奠定了他吃苦耐劳，坚忍不拔的性格。他没有高学历，贫困的姐姐供他上完了小学。他聪慧好学，有艺术天赋，能歌善舞，做过舞蹈演员，担任过六弦琴演奏员，当过民兵，还训练过民族鼓乐队，这一切艺术才能都是他自学成才和搞好少先队工作的基础。他先后获得各级少先队和艺术方面的奖状、奖杯、奖旗20余个。

1974年，桑布正式参加教育工作，起初在上亚东乡小学教书，之后辗转调入亚东县实验小学任教，担任音乐和"双语"中的藏语课老师，同时还担任学校的少先队大队辅导员。作为大队辅导员，他组织训练的少先队鼓号队不仅是学校第一支鼓号队，也为亚东县少先队鼓号队开了先河。他还辅导队员们成立了学校少先队的"艺术队"。他将自己的知识、才艺和老一辈留下来的文化艺术结合起来，还原了亚东县独特民族服装和"孔雀舞"等，排演了属于亚东的特色歌舞，至今仍在当地传承。他带领"艺术队"在学校内外经常开展演出活动，召开主题队会，同时还在亚东县率先开展了少先队"手拉手"活动，不仅与内地学校共同开展"五个一"的互助通信活动，还带着"文艺队"走出西藏到上海等地举行交流活动。

桑布有较深的文艺造诣，他的艺术才能在当地小有名气。他还参加过几届日喀则的"珠峰文化节"，带领亚东县文工团、日喀则市（地区）文工团、西藏代表团、退休老干部等多次参加过文艺比赛并获得优异成绩，得到社会赞誉。

在退休之前，桑布一家住在学校简陋的平房里。每年的寒暑假他都是学校忠实的守岗者，守着学校里的花花草草，一砖一木，生怕它们受到破坏，直到 1999 年 11 月退休时，他才搬离学校。

桑布为人和善，脸上永远挂着笑容，是校内外出了名的好人。因为写得一手好字，他也不知道为别人写了多少的门牌和条幅，但从来没有收过一分钱。

2013 年他去世的时候，送葬的人从家门口排到大街上。他家离大街有很长一段距离，山里没有车道，凌晨看到山路上很多很多的光点，都是过来送葬的。其中有他以前带过的学生、共事过的老师、知己朋友、乡里乡亲，甚至也有慕名而来的陌生人。他们都来见他最后一面，都舍不得他……

自古以来，人终有一死！倘若能在告别人间的时候，有人难舍难分，前来送行，足矣！桑布做到了，因为他是一个大家公认的好人！也是藏族少先队辅导员中的优秀代表！

（桑布女儿达娃提供素材，张小春整理）

"痴情"于少先队的张景衡

我与张景衡老师第一次见面是在第六次全国少代会上。他穿着朴素，谈话直接，明显的抬头纹中透着他生活的经历。他主动找我，并直呼我的名字，让我惊讶而亲切。我们的交谈没有别的，不是谈开展队活动，就是讲少先队员的成长。

张景衡大我四岁，是我的老大哥，虽然他是一名普通的小学老师，但他那种与孩子们融为一体，执着于少先队工作的精神，让我敬佩，值得我学习。他常在电话中谦虚地咨询我少先队知识，让我把我的少先队著作寄给他。通过多年的交流，我又从西安辅导员口中知道了他很多"痴情"少先队的故事。

从20世纪70年代开始，他就走进少先队，一心一意扑在少先队活动之中，与少先队员打成一片，带领队员们开展学雷锋活动。那个时候学校刚开始复课，张景衡认为急需一股凝聚力把学生们组织起来，于是他选定胡家庙新华书店为阵地，长期在这里开展义务劳动，带领少先队员走街串巷学雷锋做好事。同时，他还承担了书店组建"红领巾阅览室"的全部工作。到了90年代，张景衡利用寒暑假时间，组织少先队员开展了一个特殊的"茶文化"志愿活动。他带领少先队员把"茶文化"的志愿服务，送到退休老干部、老工人、老教师、孤寡老人、社区残疾人的家里。这一活动产生了很好的社会反响，受到广大群众的交口称赞。

退休后，张景衡始终没有离开少先队员。他精心构思，努力准备，创办了"红领巾大讲堂"。从2011年到2020年，张景衡就是"红领巾大讲堂"讲师团的主讲老师。他走进陕西省300多所中小学校，巡回演讲了826场，少先队员听众达到22万人。他讲的内容有革命传统教育，也有时代精神，得到了社会各界的肯定，"红领巾大讲堂"也成为当地讲党史、学英雄、传播正能量的高声望、高效益平台。少先队员往往听了这一课，就盼着下一课。在庆祝建党95周年和长征胜利80周年之际，张景衡身着红军服走进中小学进行"童心向党"主题宣讲，组织开展"做共产主义接班人""互联网＋长征"等主题活动，引导队员们上网寻找长征纪念馆图片，开展"重走长征路"的模拟活动。

张景衡的"接地气"，不仅体现在为队员们送去精神食粮，也体现在特别关注那些留守儿童的生活。陕西省西安市蓝田县东街小学是留守儿童比较集中的学校。张景衡每年从退休金中拿出1000元，为留守儿童设立了"张景衡奖学金"，奖励那些品学兼优的留守儿童。2017年2月初，张景衡冒着严寒来到西安市长安区和周至县，开展了慰问留守儿童的活动，为孩子们送去他的情谊和生活必需品。

有人问张景衡你如此牵挂这些孩子们图什么？他说："我把爱党的情结转化为对留守儿童的公益情结，多为有困难的孩子做善事、做实事，为推动全社会形成向上向善的风气尽点绵薄之力。"

（作者：张小春）

后　记

　　提起这本书的诞生，我不会忘记2013年"全国少先队工作突出贡献证书"获得者们聚集井冈山，身穿红军服，体验红军路的日子。在畅所欲言的座谈会上，有人提议"把每个老同志的事迹汇集成书"存留下去，大家一致赞同这个建议。从此，这件事成了我的心念，我和柯英商讨过几次，与个别老同志也提起过，却因为具体操作难题很多，没能实现。这些年，每当我得知老同志过世的消息，"汇集成书"的心念就更强烈。

　　2021年2月3日《中共中央关于全面加强新时代少先队工作的意见》颁布，这是新中国历史上第一个以党中央名义下发的专门加强少先队事业的文件，是新时代少先队工作的行动纲领。文件中强调："大力加强校外辅导员队伍建设，聘请优秀党员、团员、团干部和各条战线先进人物、'五老'、符合条件的优秀家长等担任少先队校外辅导员，并建立评价和动态管理制度。"我感到少先队工作的使命更光荣、更艰巨、更重要。我想，少先队有突出贡献的老同志们哪个不是退而不休，马不停蹄献身少先队事业的"五老"呢？

　　提到"五老"，我不禁想起过早离世的河南安阳市的老辅导员韩凤珍。是他率先在少先队工作中启用了"五老"。1984年3月18日，安阳市关心下一代协会成立大会隆重召开，时任团中央书记处书记的胡锦涛、时任全国妇联书记处书记的胡德华以及"中国的保尔"吴运铎、著名教育家孙敬修、解放军原总政治部离休干部王遐方出席了大会。后来的关心下一代工作委员会就是由少先队"关心下一代协会"引发诞生的。

　　1999年中国少年先锋队成立50年之际，共青团中央、全国少工委决定授予田桂英等13名老少先队工作者"少先队工作突出贡献奖"，追授去世的黄绣谊、韩凤珍、韩振东同志"少先队工作突出贡献奖"。建队60年之际，共青团中央、全国少工委决定向王延风等27名同志颁发"全国少先队工作突出贡献证书"。我就把不同报刊、书籍中的对这40余名老同志报道的事迹文章，进行了整理汇集，并编辑成书，取名为《高擎红旗一角的人们》。

我边整理文章边阅读他们的事迹，再次感动，更加敬佩，也升华了我对少先队的感情，丰富了我对老一辈优秀少先队辅导员的崇敬。这些老同志亲历了新中国成立后少先队事业发展的过程，满怀豪情投入改革开放以来的少先队事业发展，他们铸就了"一辈子"为党干少先队的坚强意志。在张先翱的书房墙壁上，挂着一幅书法作品：红领巾与银发齐舞，这是他的座右铭。他还有句名言"如果能填100个毕业分配志愿，我100个都写辅导员"。令人难以置信的还有曾被打成"右派"，又经历"文革"磨难，1978年被解放后，依然选择魂牵梦绕的少先队岗位的段镇。年过八旬依然与接受采访的孩子们一同呼吁："给少年儿童中的弱势群体更多关爱吧"的李启民……一个个优秀少先队辅导员身上都具有赤子童心、青春活力和白发睿智。也验证了少先队辅导员是一个"初干不情愿、再干生感情、久干就着迷的工作"。

截至目前，43人中已有13人去世，他们是：段镇（2014年）、高健民（2014年）、杜功礼（2013年）、刘权（2013年）、江敬文（2014年）、桑布（2013年）、陈嵩山（2019年）、吴芸红（2016年）、刘元璋（2012年）、曹魁珍（2021年），被追授的黄绣谊、韩凤珍、韩振东三位都去世于1999年前。

我退休后有个奋斗目标，"让生命不留遗憾"。为此，我想见的人去见，到云南、新疆、陕西等地拜见了这些少先队辅导员中的老朋友；想做的事去做，主动为许多学校办校报、拍电视、写歌曲、搞讲座、指导少先队活动、创新办学特色、策划学校发展、成立工作室等，享受着忙碌的快乐。其中编写《高擎红旗一角的人们》一书也算是我完成了一件"想做的事"。

其实，这本书不是我一人编辑完成的，如果没有柯英为我鼓劲，为我提供思路，没有李启民亲自帮我联系人，没有张先翱、王延风、皇甫鸿昌等以及去世辅导员的亲属的大力协助，我是万万不可能完成的！更要感谢孙云晓百忙中撰写序言，增添光彩；中国少年儿童新闻出版总社领导和编辑们的倾力支持，细心修正。这一切的一切都让我感动，令我自豪，更使我欣慰，因为这本书为后来者储备了少先队事业发展史的宝贵精神食粮。

这本书中的43人，仅是少先队事业发展浩瀚星空中代表少先队工作者的一小部分。我相信，有更多在岗或退休的少先队辅导员和少先队工作者，也都是"久干就着迷"的育人精英，都是高擎红旗一角的人们！

张小春
2021年12月